邱少云的故事

殷宪恩　编著

中国社会出版社

图书在版编目（CIP）数据

邱少云的故事/殷宪恩编著.

北京：中国社会出版社，2006.9

（英雄故事丛书/朱司俊　徐　雁 主编）

ISBN 978-7-5087-1344-1

Ⅰ.邱…　Ⅱ.殷…　Ⅲ.邱少云（1931~1952）-生平事迹

Ⅳ.K825.2

中国版本图书馆CIP数据核字（2006）第105538号

丛 书 名：英雄故事丛书

主　　编：朱司俊　徐　雁

书　　名：邱少云的故事

编 著 者：殷宪恩

责任编辑：杨　晖

出版发行：中国社会出版社　　　邮政编码：100032

通联方法：北京市西城区二龙路甲33号新龙大厦

电　话：（010）66050647　（010）66051713　（010）66061708

网　　址：www.shcbs.com.cn

经　　销：各地新华书店

印刷装订：中国电影出版社印刷厂

开　　本：150mm×225mm　1/16

印　　张：11.5

字　　数：170千字

版　　次：2012年3月第2版

印　　次：2014年3月第3次印刷

定　　价：18.50元

编者的话

胡锦涛总书记在一次中央领导集体学习时，特别强调要铭记中国革命史。他说，要把学习中国革命史与加强理想信念教育紧密结合起来，做到任何时候、任何情况下，都坚持理想信念不动摇、革命意志不涣散、奋斗精神不懈怠。

一部中国革命史的核心内容和本质要义，自然是爱国主义、革命理想和革命英雄主义。要铭记中国革命史，就必须坚持并加强革命传统教育，就要突出向革命英雄学习，学习他们为了革命理想和共产主义信念前仆后继，不怕流血牺牲的大无畏革命精神。

这套《英雄故事丛书》应时而生、应运而生、应势而生。丛书首批精选了《雷锋的故事》《张思德的故事》《刘志丹的故事》《刘胡兰的故事》《黄继光的故事》《马本斋的故事》《赵一曼的故事》《江竹筠的故事》《杨靖宇的故事》《邱少云的故事》《董存瑞的故事》《狼牙山五壮士的故事》《方志敏的故事》《王若飞的故事》《向警予的故事》等十几位最具代表性的革命英雄人物的动人故事，奉献给广大读者。当我们开卷阅读这些生动、形象的理想信念教育和革命英雄主义教育的珍贵图书时，仿佛看见光辉璀璨和感人泪下的英雄群体列队正向我们大步走来；似乎听到了英雄们高声歌唱的《国际歌》；好像伸手就能够触摸到英雄们跳动的脉搏。通过这套丛书，我们又会真真切切地感觉到，英雄是民族的脊梁。中华民族正是因为有了一代又一代层出不穷的民族脊梁，才会在中国革命史上书写了一页又一页的光辉篇章，也才会有今天中华民族的伟大振兴。然而，在物欲横流面前，也有一部分人变成了金钱和物质的俘虏和奴隶。他们无视民族英雄的存在，把民族英雄、革命理想和光荣传统抛在脑后。当有人提议要进行革命英雄主义教育的时候，竟然会有人不屑一顾。据一次若干所中小学校的千人社会调查结果反映出，知道刘胡兰、黄继光、董存瑞等英雄人物的中小学生，竟然不足被调查人数的20%，能够说出英雄人物感人事迹的更是屈指可数。难道这还不令人深深叹息和无比痛心吗？

无疑，《英雄故事丛书》的读者是全体国民，但是其主体读者是广大青少年、解放军战士、青年工人、青年农民和大中小学生。100年前有识之上梁启超说过："少年智则国智，少年富则国富，少年强则国强，少年独立则国独立，少年自由则国自由，少年进步则国进步，少年胜于欧洲则国胜于欧洲，少年雄于地球则国雄于地球。"青少年永远是祖国的希望和未来，以爱国主义和革命英雄主义为主旨的"八荣八耻"教育，首先在广大青少年之中展开，不仅是现实的迫切需要，更有其远大的战略目标。

《英雄故事丛书》的作者，大都是40～50岁，他们以高度的责任心、丰富的社会经验、充实的历史知识、深邃的洞察能力、成熟的写作技巧融入的这套丛书，翔实厚重、手法灵活、视角独特、可读性强。他们为广大青少年读者奉献了一套内容丰富的精神食粮，一套不是教辅胜似教辅的好书。在此，我们代表广大读者，尤其是青少年读者，向这套丛书的作者表示由衷的谢意！

目录

地灵人杰 ■ 1

凌云梦 ■ 4

美好的向往 ■ 9

少儿恨 ■ 11

妈妈遗训 ■ 19

死里逃生 ■ 22

壮丁和堂倌 ■ 32

获得新生 ■ 41

小河边的战斗 ■ 46

渡口擒敌 ■ 55

智捉群匪 ■ 61

学习和提高 ■ 74

抗美援朝 ■ 83

钢铁意志 ■ 100

最可爱的人 ■ 109

土耳其旅的覆灭 ■ 116

接应突围 ■ 128

顽强对峙 ■ 134

潜伏为了胜利 ■ 148

烈火金刚 ■ 156

得道多助 ■ 162

永生的榜样 ■ 166

精神的殿堂 ■ 172

地灵人杰

有诗云："巴山蜀水魂欲断，金光璀璨耀神州！"

却说巴山蜀水，沃野千里，重峦叠嶂；高峡平湖，瑰、奇、险、秀。夔门天险、巫峡奇峰；西陵栈道、秦岭云横……

"蜀道难，难于上青天。"李白在这里形象地勾画出一副地高坡峻、人鸟难越的巴山图画。

当然，假如你认为整个四川都是如此，那就显得片面了。例如我们书中的主人翁邱少云的家乡铜梁就显得相对缓平静秀了许多。

铜梁得名始于春秋战国，楚成王灭巴国，封他的庶子于涪江以南（今合川、铜梁）地区，号为"铜梁候"。唐朝武后长安四年（公元 704 年）建县，又因境内有小铜梁山而取名铜梁县。

这里的突出特点是：丘陵起伏，溪河纵横，独特景观。若登高俯瞰，但见东西山势遥相雄峙，绵延逶迤。山间田园庐舍相望，宛如桃源仙境。而且，其间山多溶洞，大小规格不一；有的竟长达十几公里成为地下河流，曲折迴环，深暗莫测。诸山岭奇峰秀，涧壑悬深；山泉飞河，林木葱郁。另有安溪河、怀远河曲折蜿蜒，秀丽清雅；琼江、涪江，翻波涌浪，气势恢弘。铜梁以"龙堤春晓"、

"仙楼望远"、"崆峒传书"、"金钟送曙"、"炉峰残雪"、"木莲呈瑞"、"圣灯夜照"、"岩悬千佛"等八景远近闻名。

这确实是一个美丽而神奇的地方。

秀外而慧中的灵性土地，必然会孕育出代代人杰，给这养眼的山水，平添出一道道灿烂的光环。

明代名士，兵部尚书张佳胤；元代道教名流张三丰；近代革命先驱陈达三，一级英雄邱少云等名人雅士、英雄豪杰都诞生在这块厚重的土地上。只不过，邱少云出生的时间，正是中国的近代史上一个惨不忍睹的年份。

1931 年 9 月 18 日晚，盘踞在中国东北的日本关东军按照精心策划的阴谋，由铁道"守备队"炸毁沈阳柳条湖附近的南满铁路路轨，并嫁祸于中国军队。这就是所谓的"柳条湖事件"。日军以此为借口，突然向驻守在沈阳北大营的中国军队发动进攻。由于东北军执行"不抵抗政策"，当晚日军便攻占北大营，次日占领整个沈阳城。日军继续向辽宁、吉林和黑龙江的广大地区进攻，短短 4 个多月内，128 万平方公里、相当于三个半日本国土的中国东北全部沦陷，3000 多万父老成了亡国奴。这就是震惊中外的"九一八"事变。

腥风血雨，亡国灭种，日寇已经开始向中国人举起了屠刀。然而，有着上下五千年文明传承的中华儿女，岂能真的从此俯首帖耳，一蹶不振，成为任人宰割的羔羊，变成侵略者"大东亚共荣圈"的奴隶了吗？当然不能，因为我们泱泱华夏是一个有着千百万民族英雄的国度！岳飞、文天祥、林则徐……这些灿若繁星的名字无时不在激荡着抵抗外侮的浩然之气。

就在 1931 年，一个风雨如磐的夜里，位于四川铜梁境内邱家湾的一户姓邱的人家里，传出了一声初生儿清脆嘹亮的啼声。这啼声激越，极富穿透力，瞬间透过夜幕，传遍了邱家湾的每户人家。敦厚纯朴的邱家湾人，为这啼声所吸引，纷纷起床走出家门，聚集在邱家窄小的院子里，向主人道喜，也同时分享到一份亲邻的喜悦。在众人的欢声笑语里，夜幕退去，东方渐渐露出了新的曙光，有人打趣道：是这小子的啼叫声唤醒了太阳，长大了准有出息！

是应了乡亲们美好的祝福，还是赶上了造就英雄的时代，这个一生下来就显得虎头虎脑的男孩儿，到后来就真的成长为闻名全军乃至全国的一级战斗英雄。他的名字像春雷一般的响亮；他的英雄事迹像春雨一样浇灌着代代青少年成功的梦想。他就是邱少云，我们永远学习的榜样。

凌云梦

1931 年的铜梁邱家湾，秋色正浓。因为邱少云的降生，这个不算大的山村比平时增添了不少喜气。街坊四邻出出进进在邱家的小院，或提一篮鸡蛋；或端一筐红枣，向孩子的父亲邱炳荣道着喜；向孩子的母亲阿美给予美好的语言抚慰。

初为人母的阿美，将孱弱的身子斜依在迭起的被褥上，虽然周身还没有隐退去因生产而遭受到的那种撕心揪肠的痛苦，但脸上却洋溢着幸福的甜笑。初为人父的邱炳荣，虽然是连夜从百里之外的江边赶来，一夜未曾合眼，但周身却充满了兴奋。不断向来贺喜的父老乡亲递烟、点火、端茶；等众人慢慢地散去，邱炳荣望着和自己同甘共苦的妻子，他的内心涌起一股爱怜和敬意。

邱炳荣不会忘记爷爷邱长顺，老人死去后，邱家是怎样的一副衰败的景象：土地被霸占，全村人竟全都在自己亲手开垦的土地上，做了人家的佃户。他的母亲早丧，父亲为了给邱家留下一根弱苗，只好忍气吞声在土地上默默地劳作。

这位老实巴交的庄稼汉，在家中遭受了如此的变故后，变得越来越胆小怕事，他多愁善感而又头脑清楚，他看清楚了周围世界的无边黑暗，但也由此断定，自己一生也难以走出茫茫苦海；于是他像当时中国绝大多数农民一样，将自己甚至家人都无奈地付之于命运这条飘渺不定的船上。他是一个孝子，可是每当想起自己父亲邱长顺老人的义烈之死，在泣血锥心之际，很少有豪侠悲壮之气荡漾于胸，反而更多的却是悲哀凄凉永无宁日的压抑和凄惶。他唯一能够坚定不移做到的就是呵护好自己的儿子；能够使邱家香烟得以延续的邱少云。

当然，他这样做的目的并没有时下父母望子成龙的奢望。其实更多的是一种后代繁衍的义务；他不会忘记父亲临行时，让乡亲们把自己说成是孤寡老人的深刻含义。他要完成老人交给自己的任务；不孝有三，无后为大。更何况，这也应是临危授命啊！尽管这种努力充其量也就是让这个乌烟瘴气的社会，再增添一个和自己一样的受苦人。朝好的一方面来想，那也就是完成：放羊、盖房、种地、娶媳妇、过日月，生孩子……这样一个周而复始的无限轮回罢了。

也许是应了“隔代遗传”的说法吧？邱少云的父亲邱炳荣虽然自幼几乎完全笼罩在忧郁、悲伤、封闭的家庭氛围里，但他却并没有被修剪掉作为邱家之后的凛然之气，20 多岁就成了一条钢骨铮铮的汉子了。他有正义感，好打抱不平；很快就在方圆左右有了点小小的名气。

儿大不由爷，小苗长成了大树。邱少云的爷爷无可奈何了。望着高大伟岸的儿子，他更多了些担忧、害怕。因为，昨天父亲的鲜血一直没有在他的记忆里干涸。他想：也许就在哪一天的那一个突然的时刻；历史的悲剧就会重演。邱家就会一蹶不振，从此跌入万劫不复之境。

其实，在那样的社会环境里，老人的这种想法也并非是空穴来风，庸人自扰：官、匪、兵、贼，有哪一样不是害人的东西。

枪打出头鸟，出头的椽子先烂；他忧郁着、沉闷着。终于，他想起一个能使儿子收心的办法：娶媳妇。男人要是没有女人管着，就是永远也长不大的孩子。于是，在邱家湾一个晴朗的日子，邱少云的母亲像山里其他所有出嫁的女孩一样，被蒙上红红的盖头，一顶花轿，几件简单的嫁妆被邱炳荣娶回了邱家。

可是，结婚的喜庆并没有抵挡住如狼的灾荒。就在这一年，一连数月的春旱，夏季颗粒无收。接着，正当种秋的时候又是大旱，整个暑天烈日蒸腾，赤地千里。老天似乎要刻意灭绝人类，这里是山地，受灾更甚。农民的日子是土里刨食的营生；官剥、贼偷、匪抢。就是在正常年景也只能是勉强糊口，每到春荒不接也要吃糠咽菜才能对付。这可是一年没收啊！望着才娶过门来的儿媳妇，瘦的皮包骨头的样子，老人的目光呆滞了。看一看缸底几乎可以按颗粒计数的粮食，老人的行为异常了。他有时跑到祖坟前一口气待上半天；有时又在家里，东张西望却又毫无目的无端的寻觅。终于，他在祖坟前的树杈上栓上打好活扣的绳子……

邱少云的爷爷走了，像一棵被风霜雨雪肆虐蹂躏枯萎的小草，终于回归了泥土。

对于老人作出这样的选择时的想法，我们已无从知晓；这位在生活的重压下性情懦弱的老人，是想要快点投入父亲那山岳一样的怀抱？是要快点给过世的妻子倾诉自己一生太多的苦难？还是要以此来省下几口有限的粮食，让儿媳枯黄的小脸增添几丝红韵……可是有一点应该是很清楚的，那就是穷苦、已经穷苦到了山穷水尽的境地。

邱炳荣恨透了自己，堂堂七尺男儿竟然挣不了养家的粮食。爹的死无疑在他的心里划下了一道带血的伤痕。他要挣扎，要为妻子和即将出生的孩子找出一条能活下去的路来。于是，他痛下决心，抛下怀有身孕的妻子，毅然离家出走，到江上当了一名船工。

当时在四川境内，江河纵横，长江、岷江、嘉陵江、青衣江、渠江、沱江、赤水河、大渡河等，交通闭塞，人们运送物资就靠这些天然的水道。但是，这些水道大都是山高岭峻，险象环生的复杂地带，而从事这样工作的船工的苦累自不必说，且随时都有生命危险。有人把船工叫成是："死了没埋"的人。对于这样的形容猛一听，好像还有夸张之嫌。可是你只要稍一琢磨，就能品出其所包含的苦辣酸辛来。实际上，那时候的船工随时都在面临着死亡。好好的一条壮汉，转瞬间就可能被无情的浪头所吞没，往往连尸体都无法找到，岂不是死了没埋怎地?

在下面这段一代一代传唱下来的川江号子中，我们还不难看出他们当年艰辛的情状来：

"想我们船工生活悲惨，风里来浪里去牛马一般；拉激流走遍了悬岩陡坎，头老打头老骂血汗吸干；衣无领裤无裆难把人见，生了病无人管死在沙滩；船打烂葬鱼腹尸体难见，抛父母弃儿女眼泪哭干……"

船工的流动性很强，常年四处漂泊。从随身携带的东西中也可以看出这种职业的苦状。特别是"纳坨"更是藏满了船工的苦辣酸辛。因为，这是件在劳动操作中所必须穿戴的东西。"纳坨"的外形是矮领，在右肩、腋、摆地方钉鸡肠带并打活扣，很像和尚的"百衲衣"，可它是不断干活的磨损中慢慢修补出来的。它们又厚又重，因而叫"坨"。轻的数斤，重的有十几斤。还有的能长到脚踝，所以还有"短领长袖一口钟"的说法。它的主要功能保护皮肤，无论冬夏，船工在劳作时只能穿着它，阳光晒不进，雨水淋不透。还有一个妙用就是在船主的皮鞭棍棒下不至于伤筋动骨。

那时候都是木船，逆水行船时仅以船工划船是不够的，这时候船工就得上岸拉纤。这就更不是人干的活了。纤板勒在胸前，脚下路坎坎绊绊，随时可能遇到想象不到的险情。为了统一步伐和操作，尽量减少意外的发生，就产生了报路应答的纤歌。

船工漂泊在外，靠苦力挣钱，拿性命当赌注，邱炳荣认了。他不愿再像他的父亲那样一生窝窝囊囊的生活一辈子，他要活出一个男人的模样。经过了大半年的外出闯荡，吃苦受罪自不必说；但也确实增长了不少见识。他隐约意识到穷人也不是因为命中注定要受穷，要改变就得敢于打拼，向命运挑战。他要对儿子寄予希望，再不像一辈辈人的那种小名叫法：什么阿猫、阿狗之类。

“邱少云”！多么响亮的名字？年少而壮志凌云；肯定能冲破晦运，给自己和家庭营造出美好前景的。

美好的向往

邱炳荣是一个不安于现状的人，在他的身上，明显的带有邱长顺老人的秉性。俗话说得好，不是一家人，不进一家门。邱少云的母亲阿美也是一位外弱内刚的女人。她贤惠、善良、坚韧、勤劳；不识字却又非常聪明。自从嫁到邱家，她就以自己柔弱的双臂和邱炳荣共同撑起了这个穷家。她手脚勤快，办事利索。洒扫庭除，缝补浆洗；屋里院外，干干净净；从不让家庭环境、老少衣帽显出一点寒酸景象。因为有了她，邱炳荣才能排除后顾之忧，常年在外而无所牵挂。

她善于持家，一半糠菜一半粮也能喂得孩子活蹦乱跳，精神头十足。

她会唱很多优美的山歌；会讲很多动人的故事。

“山歌不唱不开怀，磨子不推不转来，
大磨推得团团转，小磨推得溜溜圆。
唱山歌来唱山歌，我歌没有你歌多，
三下两下唱完了，摸来摸去摸脑壳。

高高山上一笼葱，一刀切断两头空，
有心唱个山歌子，牙齿落了不兜风。
山对山来岩对岩，喊妹唱歌妹就来，
你先唱个梁山伯，我就唱个祝英台。
叫声情哥心莫烦，幺妹今天心不闲，
再等几天心闲了，葛藤上树慢慢缠。
栀子花开把把长，大女嫁了二女忙，
再等三年不嫁我，背起包包就离娘。
细麦草帽细麦编，各人做事各人担，
哥也愿来妹也愿，关你舅子啥相干？
情妹当门一条河，河上游着一群鹅，
前面公鹅咯咯叫，后面母鹅叫哥哥……”

像这一类的山歌，邱妈妈唱得很多。做家务时哼，干农活时唱；除了娱悦自己外，主要还是寄托了对远在外地丈夫的思念，和对美好生活的希望和憧憬。年幼的邱少云当然不会知道歌词的含义和妈妈的心事，但是他爱听，也爱看妈妈哼唱时甜蜜的笑容。他更喜欢妈妈所讲的故事。铜梁是有名的故事之乡，邱妈妈记忆力特别好，不论在哪里她只要听过一遍就能记住。

邱少云是穷苦人家的孩子，妈妈首先得让他学会家里地里的活计，这是孩子将来安身立命的根本啊！什么拿东递西，赶狗撵鸡，拾柴剜菜，抹桌子扫地的活儿，邱少云从小就拿得起放得下。这应当视为邱少云社会生活的第一课，而文化的启蒙就是邱妈妈所唱的民歌和讲的那些民间故事了。这些纯粹民间真善美的东西像雨露甘霖，滋润着他幼小的心田，对他的成长起了举足轻重的作用。

少儿恨

邱少云从小就聪明懂事，这是因为所谓的娇生惯养、锦衣玉食，与生俱来就不属于他们这样家庭的孩子。小的时候，不哭不闹典型的乖孩子。等添了小弟弟，似乎就俨然有了当哥哥的作派；活儿抢着干，东西让着弟弟吃。弟弟淘气，他会板着面孔充个小大人，批评弟弟做的不对，教育他要当个好孩子。尽管他自己也不知道究竟怎样才能算好孩子。

由于爸爸常年在外，家中的生活就显得有些单调。除了带弟弟，帮妈妈做活儿，剩下的时间他几乎都要跑到村边的那棵槐树下，向着曲曲弯弯通往远处的大路，盼望着爸爸那高大的身影一下子就出现在他的眼前。每逢这个时候，他快活得像一个快速滚动的皮球，眨眼工夫就会搂住爸爸的双腿。爸爸也就会把他轻轻地举过头顶，绕上几圈，然后稳稳地让他骑在脖子上。如果爸爸带了很多东西，那他就会像一个欢快的小狗，忽前忽后地窜行在爸爸的左右。

爸爸的回家，应是家中最大的节日，不仅是因为爸爸会带来好吃的，好玩的东西；更要紧的是，妈妈好像比平时一下子年轻漂亮了许多。整个家里里外外充满了喜气。

唉！要是爸爸整天都和我们在一起，那该有多好哇！

几岁的孩子有时候竟然会像大人一样的叹气。不过，这样的日子虽然有些失落或者说是缺憾，但是总还算是平静幸福的。可是后来，这种平静便因为爸爸和船霸的冲突而慢慢地失去了。

原来，这些船霸都有着蛇蝎一样的心肠；他们雇船工就是为了自己赚钱，根本不把船工当成人看。船工们出的是牛马力，吃的是猪狗食。生病有灾无人问，你要活下来就算你命大，你要死了就算你倒霉。稍不小心，还要挨他的皮鞭。

为了便于管理，他们把船工分成好几个等级："二马居"、"三桡"、"前驾长"、"后驾长"、"号子工"、"普通工"等。"二马居"是这些船工的监工，他们一般不用干活儿，主要责任是看着船工不要偷懒。这些人春夏秋冬，衣着整齐，工资优越；夏秋时节，上穿白府绸对襟褂，下着青蓝色长裤，脚登线耳子草鞋。冬春时穿长衫，脚穿圆口布鞋，有的还头戴博士帽，手拿马鞭子，给普通船工所穿的"坨"，和出的力形成了鲜明的对比。这些家伙是有钱人的帮闲，是普通船工的克星。仗着船霸给他的特权，经常变着法子整治工人。

坏人做坏事总是能够造出借口：行船偏了头，他要骂人，拉纤绳子不齐，他要抽鞭子。其实船工最耗力受罪的就是逆水行船拉纤的时候。完全没有所谓的"船夫曲"那样的潇洒浪漫：高山峡谷，难有好的纤道，不是激流险滩，就是丛林怪石，稍不留神就会伤筋动骨，甚至滚入激流的危险。

拉纤的形制为头纤一人在最前面带路，第二纤为两人，分为岸内和岸外，行话叫"内尖"和"外尖"，从第三纤起，称为内纤和外纤，如果人数多，从第四纤起，纤上又搭纤。三桡在最后，排除纤藤障碍，行话叫"捡挽"，又称"抬挽"。从启航到终航的过程中，"二马居"随时随地都可能向船工发难，理由是在这种情况下，是需要船工出大力气的时候，比如船过险滩，在木船不进则退的紧要关头，他们手中的皮鞭随时都可能落在船工的身上。威胁激发船工使出最大的力气来让船渡过难关。为了防止船工偷懒，他会突然跳到绷直的纤绳上跳跃，这时使假力的纤工就会往后摔个仰巴叉，这一招行话叫“上榨”或“踩榨”。可是真正出实力的人也会因这一跺一踩被晃的心痛脑晕。

在当船工的这些年里，非人的折磨瘦削了邱炳荣的肌肤，却也更激发了他的斗志：他越来越清醒地认识到，船霸之所以富都是因为榨取了穷船工的血汗。“二马居”之所以能得以横行，是因为船工的逆来顺受。他也明白了“求人不如求己”的这句老话；要想真正像一个人一样的活着，穷船工就应该抱成一团和船霸和他们的帮凶斗。

其实，这种原始、自发的争斗方式很简单，在很大程度上存在着盲目蛮干的成分。对于以后所可能产生的后果，他们在事前似乎连想都没有认真地想一想。

报复活动是经过周密计划的：就在那么一天，“二马居”又故伎重演的时候，邱炳荣只用鼻孔轻轻地哼了一声；所有的纤工便把手中的纤绳猛地一抖。真是人心齐泰山移哇！这一抖可不得了啦，只见那“二马居”像一粒弹丸一般“嗖”的一声被弹起一丈有余，花样跳水运动员似的在空中翻了几个跟头，一头栽进滚滚的江水之中。待被捞起时，肚子里已喝饱了江水，直放在船舷上头朝下控了有多半个时辰。

船工们总算出了一口恶气。可是“二马居”和船霸自然把闹事的仇恨记在了邱炳荣的身上。

也不知道从什么时候开始的，邱少云突然发现妈妈那好听的民歌不再唱了；脸上那充满活力的笑容也越来越少了。他虽然才八岁，却从家中沉闷的氛围中意识到将要发生什么不好的事情。也许是从妈妈哄弟弟睡觉的摇篮曲中感受到的，妈妈从前的摇篮曲多美啊：

不要哭我的孩子
不要哭我的宝贝
风儿那样轻
月光那样媚
小猫眯缝眼
小鸟翅膀垂
只要不哭闹
妈妈不嫌累
宝宝睡
妈妈也要睡
快闭上小眼吧我的宝贝
睡着香，随着甜
睡着就会保平安
离开白天的黑影
梦中黑白分明
睡吧睡吧我的宝贝
一觉睡到黎明
妈给宝宝盖上被
妈妈给你挡着黑
宝宝睡了，妈妈砸碓了
宝宝醒了，妈妈跳井了
宝宝闹了，妈妈上吊了……

妈妈的摇篮曲，使他感到安宁、亲切、温存、抚爱；妈妈的声音甜美：抒情、优美、静谧；不论小时候还是现在，只要他听到就会感到温暖、安全；就会感到周围的一切都充满生机，阳光灿烂。可是，这样的摇篮曲似乎早就在邱少云的耳边消失了，在妈妈哄弟弟睡觉时虽然她还在唱摇篮曲，但让人听上去的感觉就大不一样了：

“宝贝，你爸撑船安溪河，他面前净是旋涡涡。我的宝贝，他的面前净是旋涡涡，我的宝贝。宝贝呀宝贝，你爸爸是顶天立地的男子汉，可鬼船霸的歪歪心眼多，我的宝贝。宝贝呀宝贝，鬼船霸歪歪心眼多，我的宝贝。宝贝呀宝贝，风激浪险妈妈焦心呀，盼只盼你爸爸平安回呀，我的宝贝……”

无风不起浪，妈妈在摇篮曲里的担心不是多余的。邱炳荣领着一帮穷弟兄和船霸的斗争就在那次对“二马居”的报复中开始了。船霸用加大劳动量，寻找理由克扣工钱等对所有的船工进行惩罚，想以此来吓唬住他们再不敢轻举妄动。可是受尽了船霸盘剥的船工们也被逼到了极限，难以再继续忍受下去。

你想，大家抛家舍业，拿生命作赌注所为何事，还不是挣一点儿大人孩子的活命钱。这样累死累活的干活儿，稍不留神，就被他们寻个由头把工钱扣了去，难道让大人孩子喝西北风去。这大概就是所谓的“压迫深反抗重”吧？船工们更铁了心和船霸做了对头。干下去，没有了奔头；中途退套，明显的算白干了一年。怎么办？

人本身就是群体动物，一样的命运像一条无形的绳子把大家拴在了一起。很自然：有胆有识的邱炳荣就成了这些船工的领袖了。他作为大家的代表和船霸讲条件，斗智斗勇。争取起码生存的权利：停止对船工的打骂，有病必须给予治疗，改善生活条件……其实这都不是什么非分要求，实在是生存的必要条件。可是，一向作威作福的船霸，怎么会把这样一群臭苦力放在眼里，不光无视船工的正确要求，反而对他们更加重了欺压。

就这样，“消极怠工”的情绪就是不可避免了。

邱炳荣和大家一起把这四个字的内涵发挥到了极致：一天的航

程可以走到三天。一段激流可以让船上上下下数十个来回，船霸气急败坏了，把一切的仇恨都记在了邱炳荣的头上。为此，他们勾结警察扩充了保镖打手队伍，不断策划阴谋，制造事端，想尽办法必欲置邱炳荣于死地而后快。

邱少云在妈妈那忧郁焦灼的摇篮曲中，不知度过了多少个夜晚。在一天的深夜，邱妈妈和邱少云被门外沉重的脚步所惊醒。

有人在轻轻地敲门，轻轻地呼唤，这个人的声音他们很熟悉，他是邱少云爸爸的好朋友，也是在一块儿出苦力的一位船工。邱妈妈披衣下床。门一拉开，邱少云在昏暗的灯光下看见那位叔叔眼窝里溢满了泪水，他哽咽着说："嫂子，你要挺住啊！邱大哥他……"

邱妈妈立刻意识到出了事，她推开那位叔叔，冲到门外想看到她的丈夫，可是她落空了，看到的只是丈夫的遗物。

塌天大祸就这样来到了他们的面前。弟弟尚在酣睡，可邱少云在放声大哭了。懂事的孩子已经意识到发生了什么事情。

原来，船工在船霸不断升级的迫害下，实在是无法再继续坚持下去了，就集体提出了辞工不干。可是，有官方撑腰的船霸却执意不给工钱。这时候，邱少云的爸爸邱炳荣，为了让船工兄弟拿到自己的血汗钱，他怒吼着抓住了船霸，要他立即答应把工钱发给大家，不然就要和他同归于尽，一起葬身江底，迫于情势，船霸答应了。可是就在大家拿到了钱要回家的路上，突然闯过来一群打手拦住了他们大打出手，面黄肌瘦的船工们哪里是他们的对手，很快把他们打的七零八落，四散奔逃了。最后，只剩下了邱炳荣一个还在那里和他们拼命厮打。终因寡不敌众，被他们捆住了手脚，用一块大石头拴在腰间，抛进了安溪河。

听到这惊人的噩耗，不亚于当头一声炸雷；邱妈妈惊呆了，随着一口鲜血喷出，身子向后斜斜地倒去，半天不省人事。继而发出撕心裂肝绝望的号哭；在哭声中，小弟被惊醒，也茫然不知所措惊恐地随着哭起来。邱少云揽起弟弟，把他抱在怀里，喃喃地道：“小弟不哭，我们是男子汉！”

哄弟弟的话语似乎是对自己也起了作用；看着妈妈痛不欲生的样子，邱少云的眼泪干了，而代之以满腔的仇恨，两只瘦小的拳头慢慢地攥紧了。

妈妈遗训

在此之前，邱妈妈也曾有过一个女人的直觉，也曾多次劝过自己的丈夫要学会识时务，不要蛮干。对于这一点，邱炳荣也非常清楚。可是箭在弦上不得不发。他太知道穷船工的苦难，他们太需要他的胆略和智慧，去争取做人的权利。既然开了头，就应该有始有终，除此之外，他以别无选择。

事情终于发生了。

不是说男人是天吗？男人死了，无疑是塌下了大天；邱妈妈病倒了。邱少云再也看不到妈妈家里地里忙活的身影，再也听不到妈妈口中那优美的民歌和温馨的摇篮曲了。

妈妈似乎是在一夜之间变老了，脸上褪尽了红晕，眉宇间锁满了愁苦，鬓发间增添了白发。尽管她还也还仅仅才是三十多岁的年龄。

善解人意的邱少云理解妈妈。

他经常伏在哭昏的妈妈面前，一遍遍地呼唤。他对妈妈说自己已经是大人了，他能挑起穷家的重担。他说他能挣钱养家；绝不让妈妈和弟弟受罪。他还说他要练武功，查清害死爸爸的凶手，要用刀子零割了他为爸爸报仇；要混出个人样子来，不给邱家丢人……

面对小孩子的“大人话”，邱妈妈百感交集，她渐渐意识到自己不能死，也不能倒下。我要是死了，这两个孩子怎么办？我要活着，给两个孩子烧口热饭；我要伺候好那二亩薄地，以换回苦娘仨的嚼谷。

她开始挣扎着进食；尽管这饭比黄连还要难以下咽。这就是伟大的母爱，拼上命也要把孩子抚养成人。

在乡亲们和船工兄弟的努力下，邱炳荣的尸体被找了回来。不管是穷人还是富人，死了都要有个入土为安的仪式。富人有钱有势，活着作威作福；死了也发送的体面。高棺厚椁，鼓乐盘缠；三日家祭，十日红场。穷人活着艰难，死了也不值钱，箔卷席包也能打发。

邱炳荣一生仗义，邻里夸赞；船工敬佩。大家都不愿让这么一个好人走的窝窝囊囊。众人从山上伐来木料，做成棺材；并请来喇叭鼓乐。出殡的那天自动帮忙送殡的男女浩浩荡荡。

邱少云穿着孝服，拉着哀杖；在众人的哭泣和悲哀的喇叭声中，隐隐约约地感到做人还是要做死后能给众人留下念想的人。有了这个念头，他甚至觉得爸爸的死也有些值得了。

经过这场生死的事变，邱少云比之一般儿童来说，已经过早的走向了成熟。在以后的日子里，人们很难再从他的脸上找到天真顽皮的影子。他整日里沉默寡言，默默地帮助妈妈家里地里的忙活，带弟弟，倒很像一个饱经风霜的成年人了。

邱妈妈的病愈来愈重。

临终前，妈妈拉着邱少云的手，说：“孩子，妈妈就要不行了。我对不起你们，等我死后，不管千难万险你都要带好弟弟；你要活的有志气，不要忘了长大后为你爸爸报仇！”

邱少云泪流满面，说：“妈妈，你放心，我一定能带好弟弟，我要把船霸找到捆起来，也给他拴上大石头扔进安溪河！妈妈，你要挺住，我去找草药，我去求医生，我要给你治好病，让你亲眼看着我给爸爸报仇！”

邱妈妈摇了摇头，说：“我的孩子，我是等不到那一天了……”

“妈妈，我不愿意你就这样走，我现在就去找那个鬼船霸，让他给爸爸偿命！”

邱妈妈了解自己的儿子，她相信儿子是这么想的，并且也会这么做。

她要求儿子要做个有志气的人，不要忘了杀父之仇，但她很清醒，现在这么做只能是邱少云送命！他毕竟还是个孩子呀！

她的呼吸越来越困难，她挣扎着说：“你还小，千万不要莽撞。妈妈并不希望你现在就去拼命，要好好的活着，好好地带弟弟，凡事要多动脑筋，君子报仇，十年不晚，你要有勇有谋呀……要……”

邱妈妈有好多的话要给自己的孩子说，可是，死亡的魔鬼已经向她无情地扑来了。看着妈妈一阵比一阵急促的呼吸。邱少云努力地喊着：“妈妈，妈妈，你还要给我们说什么呀！你说呀，妈妈——我不让你走，你不能走啊！”

妈妈含着悲苦酸辛，无奈地离开了自己两个幼小的孩子。

这一年，邱少云才13岁。

死里逃生

是苍天不公，鬼神有私？还是“天将降大任于斯人也，必先苦其心志，饿其筋骨，劳其体肤，增益其所不能”？

13岁的孩子应是金色的年华，正常地讲，他有时还可以钻进妈妈的怀里撒娇，跟在爸爸的屁股后边小马驹一样的撒欢。可是，这种生活，对邱少云来说已经成了遥远的过去，也许只有在偶尔的梦境中才能享受一下这朦胧的甜蜜了。他要用稚嫩的肩膀给更小的弟弟提供安全的依靠：饭要吃，衣要穿。因此，他只有用13岁的生命承担起苦难的重载。地里的谷苗要除草，园里的辣椒要浇水。抽空还要给人家打零工，挣点儿碎钱好换回灯油和食盐……

那个时候老天爷也好像专门跟穷人作对，总是灾害不断。就在邱少云的妈妈去世后的第二年，铜梁县又遭受大旱；烈日炎炎，赤地千里。沟里的水干了，田里的苗枯了。人人似乎都变成了食草动物，被饿逼疯了的人们抓住什么吃什么。草根挖绝了，树皮剥光了；山上地里已经看不到丝毫的绿色了。逃荒，大家都去逃荒，邱家湾十室九空。

邱少云和弟弟，实际上是一个孩子和另一个孩子，在这种情况下还有什么路好走呢！只能将瘦小的身影加入逃荒的行列。可是，逃荒真的能是一条活路吗？邱少云不知道，对于眼前的苦海能否渡过？是不是会在中途被浪头打翻，死无葬身之地？他都没有考虑，也不容许他过多的考虑。这就像一个失足悬崖的人于半路上抓住了一棵救命的小树，尽管小树的根也正被咯吱吱地拔起断裂，很快地也会摔进深谷，粉身碎骨几乎是不可置疑的。但这毕竟也是一个权宜之计呀！

他答应过妈妈的：无论怎样困难，他也不会忘记当哥哥的责任。他要带好弟弟，他要让弟弟吃上饭，他要让弟弟好好地活下去！因为，他们还有杀父之仇没报。

这时候，邱少云出奇地冷静果断：就是出门就上刀山火海也要走出去，他清楚地知道，不出去就是坐以待毙，死路一条。从此，邱少云带着弟弟开始了流浪生活。

他们随着逃难的人群离开了邱家湾，一路上没有哭泣，挨户乞讨，一口稀汤，一片干粮都给他们以生的希望。他们并不知道要到哪里去？哪里才有能够存身？像两只遭受了枪伤的野鸭，无奈疲奔于遍布阴霾的天空，既要提防地面再次射来的枪弹，又要寻觅田野里能够活命的草籽。

他们打过短工，可是逃荒的人多，增添了雇主的脾气，在用人的过程中非常挑剔，两个骨瘦如柴的孩子想找到点活儿干，那就更是难上加难了。找到活儿能喝口稀汤，找不到活儿就只好蹒跚于收割后的田野，在谷秸中寻觅秕粒；在薯地里挖地三尺，去寻找可以充饥的断块根须。

他们给人家放过牛，割过草，抱过孩子，挑过脚。总之，只要能活命，什么都去干。

在屈辱和折磨中，他们起早睡晚，这也很难能够保证没有更可怕意外的发生。他们经常可以看到死在路边的外乡客；男女老少都有。当地人把他们称之为“路倒子”，至于他们的死因却很少有人探究的。因为，见怪不怪，这世道死人的事到处都在发生：饿死的，病死的，自己寻短见走上绝路的，虽五花八门，却万变不离其宗，归根到底也还是一个穷字。

穷字把人逼离家园；穷字让人横死他乡。

邱少云不敢想象，这样的事明天会不会就发生在哥俩的身上。

给人家干活儿，虽然也能算是有饭吃，可是仅仅就是一天三顿的稀汤菜糊糊，正在长身子的孩子，也正是能吃饭的时候，这种半饥半饱的日子折磨得弟弟面黄肌瘦，三根筋挑着一个脑袋。有一天，实在是饿急了眼的弟弟，看到猪食盆里有多半块饼子，馋极了的弟弟再也忍不住了，便偷偷地伸手把饼子捞了出来。没曾想被这家的地主婆在一边看到了，不光冲过来把饼子夺下重新扔进猪食盆里，还顺手操起一根拌食棍，把弟弟一顿好打。穷人的孩子不值钱呀，就是没什么原因，打死也是白死，更何况有了把柄被人家攥着。弟弟怕急了，再也受不了这非人的折磨。他害怕，怕再次挨打，怕再也回不到自己的家乡。

“哥哥，咱们回去吧！这里的地主太狠毒，比狗船霸还可恨……”

邱少云心疼地搂着弟弟，两个孩子哭成一团。哪里有自己的亲人呢？有谁心疼这两个无依无靠、孤苦伶仃的孩子呀！

邱少云的周围一片黑暗，邱少云的眼睛里冒着仇恨的怒火。他不明白，这个社会怎么会是这个样子？我们出力，我们流汗，为什么连饭也不让我们吃饱，甚至还要挨打、受骂、不拿我们当人待？

走，无论如何也不能继续在这里待下去。就是饿死也要死在自己的家里。

当时，他们正给一家姓刘的地主当雇工。当他向地主提出要离开的要求时，那地主马上就瞪起了眼睛：“什么？要走！说得轻巧。

你们俩吃我的饭，睡我的屋，想干就干，想走就走，天底下哪有这么自由的事情。我这里又不是大车店，你也不到周围去打听打听，就是五大三粗的壮泥腿子到我这里也得老老实实，服服帖帖。只有我看不上你们了，撵你们滚蛋；哪里有你提出要走的道理？人不大胆子倒不小，竟还敢给我提出来要工钱？老老实实给我干到收秋，地里的活儿都完了，不要你说，我就会让你们滚开的！”

邱少云兄弟俩虽然小，可是干活儿本分，自从他们来到刘家，什么推磨拉碾、出土垫圈、挑水洗衣、砍柴做饭，家里家外这些琐琐碎碎的活路，就全部落在了他们的肩上。

老地主是个很会算计的人，小孩子好对付；每天也就是稀汤寡水地管点饭，还不算是白捡两个小干活儿的？何况眼看就要收秋了，家里地里正是缺人手的时候。

面对老地主没完没了的训斥，邱少云默默地忍受着，这些年耳闻目睹的各种事情，使他越来越懂得了世态炎凉。他知道：面对强大的对手，硬顶是没有任何用处的。他心中有数，有他做事的原则；那就是不论怎么做都要达到自己的目的。

像什么事情都没有发生，他们仍旧起早贪黑地在刘家干了几天。在最后一天的夜里他们给地主推完了磨，就把磨好的粮食装进了一条扎上腿的裤子里。领着弟弟逃出了这家的魔爪，从此踏上回家的道路。

邱少云在苦难中变的越来越聪明了。他不动声色就拿到了本该属于自己的东西，这是工钱，这是血汗，这是能帮助他们走回家的物质基础，这是小哥俩不至于饿死在路上的保障。

谁没有经历过想家的饥渴啊！即便是破家穷家，那都是对孩子最具魔力的磁场啊！

他们有了充饥的粮食，一路上不必再忍饥挨饿，顺着安溪河走了一个多月，终于回到了他们出生而又离开日久的邱家湾。

像迷雾中钻出了太阳，似黑暗中见到了灯光。兄弟俩急切而又兴高采烈地冲进了自己的家院。

可是，当他们以全副身心都顷刻投入这温馨而又令人如痴如醉的地方时，他们所倾注的满腔热情似乎是在刹那间便一扫而光了。

这就是朝思暮想自己的家吗？门不见了，窗不见了，连铁锅和饭桌也没有了。像是遭了土匪的抢劫，家里不论使的用的家具农具全都不翼而飞了。只剩下了满地尘土和堆在墙角的几件破烂的衣衫。

邱少云望着满院凄凉萧条的景象目瞪口呆了。作为大哥，他清楚地感到，虽然来到了生养自己的熟乡热土，可是这生存的条件呢？眼前的惨景简直可以说触目惊心。他想起了爸爸的惨死，他想起妈妈临死时蜡黄的不忍离去的面容：他的心里像是堵住了一团乱麻，斩不断理还乱；他仰面向天，似乎在向天发问：老天爷啊！难道就真的不给我们留下一点立足的地方了吗！

不懂事的弟弟也在凄惶四顾，眼里噙满了泪水："东西呢！哥哥，连锅都没有，我们以后怎么做饭呀？"

邻居幺叔见两个孩子回来了，赶忙过来用手揽过了他们，浑浊的泪水像断了线的珠子滴落在了他们的脸上。他说："孩子，东西都让保长拿去了。你们走后，上边不断地派粮派款，今天要爱国费，明天要抗日捐。这些数目都是从乡里按户头发下来的，你们家里没有人，他们就只好拿你家的东西顶替了。别说是你们家，咱邱家湾，十家得有八家都被他们抢光了。"

"他们怎么能抢东西呀？抢东西就没人敢管呀？"

"他们是官家，谁敢与他们作对呀？"

"官家是什么，怎么比土匪还厉害？"……

弟弟毕竟还太小，缠着幺叔没完没了地问下去。

邱少云当然也不会全知道这里边更深的枝枝蔓蔓，但是他知道老幺叔所说的就是官家，不去抗日却跑到四川来的国民党政府。

这一带的灾荒还在继续当中，邱家湾仍在天灾人祸中煎熬。人们跑出去逃荒，又从外边跑回来。实在待不下去了，就再次拖儿带女走出去。在这种往返的折腾中，村里的人越来越少了。家家都有饿死的人，人人见惯了苦难，即使家里再三地死人也难以哭出眼泪了。大家都从灵魂上麻木了，甚至认为，只有死了才是真正地享福了。因为，只有这样才能脱离人间这茫茫无边的苦海。

邱少云当然也不会超越这个背景之外，家徒四壁。就是连一只老鼠恐怕也难以在这里生存下去。他只好再次拉着弟弟离开了家乡。

由于上次逃荒在脑海里留下的阴影，邱少云再也不愿重新踏进任何一家地主的门槛。命运就是这样捉弄人。小小的他们竟然重步爸爸的后尘，以只管这兄弟俩吃饭为条件，当了船工。

只有把双脚真正踏上了四处漂泊的船舷，他们才理解了爸爸当年所受到的苦楚。这种活计三面靠水，一面朝天；只要上了船就等于钻进了一个流动的监狱。不管愿意不愿意，你的活动就只能拴定在水上。不光是恶劣的地形条件、狂风巨浪随时都会要了船工的性命；而且你对这种现实稍有不满或反抗，得罪了船霸，他们很可能转眼间就会让你在这个世界上消失得无影无踪。

特别是在兵荒马乱的时节，逢山有盗，遇林藏贼：他们中有专吃水道上饭的。要是万一货船被他们瞄上，替船主挡枪子儿，几乎就成了船工必然的命运了。

船主顾的是船和货。船工的生命，在他们眼里实在是不值一谈的。大不了，一条命换几斗高粱而已。

邱少云不到一年，就听说过几起货船被土匪抢走，船工被劫持的事情。究竟这些船工的下场如何，那就是很难弄清楚的事情了。有的说他们被逼入伙当了土匪，有的说被害死抛进河里。邱少云在河上也不止一次地发现过飘尸的现象，样子很惨，很恐怖。从衣着上看得出很像船工。

可是，船主、船霸却借口活不见人，死不见尸为由连几斗高粱也不肯对他们的家人赔偿。

由于是运送物资的船队，也很容易成为日军飞机轰炸扫射的目标。

大家提心吊胆，每时每刻都在担心突如其来的事件发生。这是连接着自己身家性命的事啊！

世道越乱，越是奸商发财的良机。

世道越乱，老百姓的活路越窄；为了一家老少能够活下去，再难再险也得干呀！

这一年的秋天，邱少云所在的货船装了满满的物资上了路。

抗日战争时期，由于蒋介石退守重庆，大家好像都认为当时的四川是最安全的。可是，事实上却并非如此。诚然，侵略军的铁蹄并没能踏上这里的土地。但是，侵略者的飞机却对这里实施了惨绝人寰的狂轰滥炸。

据由“日本株式会社”、“历史写真会”编辑出版的《历史写真》画报和《支那事变画报》以日本胜利者的口气写道：“1941年7月7日：七七事变四周年纪念日的黎明时分，我轰炸部队对以重庆为首的敌军各据点展开猛轰，以中隐长为总指挥的二阶堂、高井、植山、福地、山下等部队对重庆进行了大规模轰炸，引起大爆炸，集中火力轰炸重庆西郊，炸弹击中了武器库，引起了大爆炸，使附近一带全部陷入浓浓的黑烟和火海之中……此外，美座队长率领的海军轰炸机大编队于上午10时到11时，急袭归州、奉节、三斗坪（宜昌上游20海里处）、新滩市（宜昌上游20海里处）等地……另一方面，船田队长指挥的海军江上轰炸机队急袭桐城，中队长麾下的精锐编队急袭涪洲，引起大火……

这是侵略者的自供状，自然不会有假。仅在时隔20天之后，这份写真又对他们轰炸四川的赫赫战果进行了绘声绘色的描述：

“1947年7月27日：近几日，海军轰炸部队对四川省的恶劣天气毫无办法，今天天气终于放晴，我军对成都展开本年度第五次编队大轰炸。以浅田队长为总指挥的石原、石桥、二阶堂先头部队于下午2时轰炸了成都市西郊的军队司令部、各航空机关、兵工厂、炼铁厂、重建的军事设施及机场。川口、武田、高桥、太平率领的第二大队，宫内、西村、壹歧、森田率领的第三大队，左左木、金子、丸山、佐九间率领的第四大队，向井、平井率领的第五大队组成的大编队紧随其后，把成都炸得体无完肤，全市笼罩在一片黑烟之中……”

轰炸似乎令侵略者非常满意，可这还只是描写了宏观的现象。至于一个炸弹落下，一家人瞬间血肉横飞；一条货船眨眼变成了片片漂浮于水面上的木板，这些写报道而没有人性的随军记者却就很难看到了：

“正走着，我突然看到了傅二娃，他正拖着个死人往上走。我喊了他，他看着我，半天没回过神，突然丢下死人，跑过来紧紧抱着我号啕大哭：‘我的爸妈都死了，我们家只剩我一个了！’我陪着他哭。我急切地问他：‘你的爸妈和弟弟呢?’他告诉我，我们那条街的人几乎全死光了，有的是被弹片炸死的，还有的是被气浪高高掀起摔死的，有的是被垮塌的房屋压死的，还有的是被火烧死的。他还告诉我，是他救了我，原来炸弹爆炸时，我被巨大的气浪掀到了十几米远，落在了十八梯东面街上的一个铺面的软布棚上，我晓得再也见不到我那苦命的爸妈和可怜的弟弟了。不久，曾经救过我的傅二娃也被日本飞机炸死了……”

“大隧道口，木栅前，堆压着一堆堆尸体，在这一大堆尸体后面，则是无数正在拼命挣扎，竭力想从隧道向外冲出，但又无法冲出的受难同胞。他们这个人压住那个人的腿，另一个又压住第三个第四个人的身体，一个压着一个，谁都想从那彼此压着、拉着的人群中脱身而出，却谁也无法挣脱出来……”以上是两位在敌机轰炸中幸存者的血泪控诉。可邱少云也曾经是这样的幸存者之一。

那一天，邱少云所在的条货船刚刚开出，几架日本鬼子的轰炸机就突然飞临小河的上空，对着地面上的目标一边用机关炮扫射，一边投掷炸弹。

塌天大祸，平地风波，瞬间便降临到人们的头上。

在死亡的面前，手无寸铁的人们显得是那样的无奈，虽然他们中不断有人中弹倒下，但仍在拼命的奔跑着、躲藏着，试图逃脱掉这一场灭顶之灾。可是，呼啸的炸弹从天而降，火光硝烟很快便吞噬了这里的一切。等飞机施暴飞走后，映入人们眼帘的到处都是血肉模糊的尸体和坍塌冒烟的房屋船只。

渡口柳树下一个卖花生的老人，两条腿还在摊子旁，而身子肝肠却血肉模糊地地被挂在树杈上。其惨状触目惊心令人毛骨悚然。

而邱少云他们的货船，此时已经变成了横七竖八随水漂浮的木片；它们的周围到处都是船工的尸体和被炸断的肢体，鲜血也把附近的河水染成了红色。

可怜一条船上的船工只剩下了很少的几个。他们小哥俩就是侥幸留下来的一对。

苦命的孩子，总算死里逃生，在日本鬼子飞机的狂轰滥炸下，竟幸运地捡回了两条生命。

邱少云看着这些和自己朝夕相处工友的尸体，他的眼里冒着愤怒的烈火。他想：这些侵略者为什么这样没有人性？他们也能算是人吗？不，他们肯定是野兽，是凶狠残暴的豺狼！可是，他无法去向这些飞贼讨还血债，只有对侵略者暴行的仇恨在与日俱增地累积着。

壮丁和堂倌

有人说：人不能两次摔进同一个泥坑。这无疑是对的，但是它必须有个前提，那就是除了这个泥坑外也还有能可以绕过去的道路。假如说后边已没有退路，前边又只有这个条路，哪怕是个火坑也得跳了。

邱少云没有任何路好走了，为了养活弟弟和自己，他竟然又找了一个船工的活路。

不久，中国的抗日战争由战略防御转向了战略出击阶段。

1944 年，发展壮大的八路军和新四军经过冬季集训，提高了大规模运动战、攻击战的水平。各根据地积极响应中共中央指示，对日军全面出击。晋察冀部队收复了 28 座中小城市。晋绥军区击毙了日军及其伪军 2 万余人，解放了西北部分地区。晋察冀军区歼灭日伪军 6 万余人收复县城 59 座，太行、太岳、冀南、冀鲁豫四个根据地连成一片，面积 18 万平方公里，人口 2400 万，军队近 30 万。山东军区歼灭日伪军 6 万余，解放 46 座县城，攻克六处沿海城市和港口。华中解放区收复县城 30 余座，歼灭日伪军 2 万余人，解放区人口达 4300 万，新四军发展到 31 万人。至年底，敌后战场各根据地在中共中央和中央军委领导下全面出击，歼灭日军137000余人，日伪军385000余人，收复县以上城市250多座，为抗日战争彻底胜利作出了巨大贡献。

应该说，抗日战争胜利的曙光已经出现，形势一片大好。但为了内战的需要，国民党的军队都在竭尽全力的做人力、物力上的准备。

空中暂时没有了贴着膏药一样招牌的飞机，田野也止息了滚滚的浓烟。可是，却又随时可能碰上一些兵不兵匪不匪的国民党杂牌部队。其实，这些杂牌军甚至比土匪还要厉害得多。

"月黑杀人夜，风高放火天"；土匪的营生，至少还要隐蔽一些。可是这些兵就不同了，随便找一个借口就可以拉人抢东西。

这一天，邱少云他们的船就摊上这么一回：一只杂牌军说是要查什么共产党的地下运输线，不管是什么样的船，只要被他们碰上就给扣下。

他们这一招可是够损的，江河是行船的路。他在江上设卡，你想跑都都没办法。对装有一般货物的，船主或领班找到他们领头的塞点儿钱，也就放行了。就怕装有带军事色彩的东西。

这回巧了，邱少云他们的船上装的却是药品。

"明摆着，这是通共产党的嫌疑！把船给我扣下。"一个戴墨镜军官模样的人下了命令。一群士兵立马跳上船来，用枪逼着船工们把船拢上岸。

"老总，我们不是往那边运的东西，我们老板和各码头、各山头的哥们都是拜把兄弟，就请您放我们一马吧！"船上的领班哀求着。

实际上，这杂牌军的小头目才不管你通共不通共呢！他所看上的是这一船的药品是当时非常值钱的东西。到口的肥肉他当然不会放过，只见他摘下墨镜，眼珠儿诡诈的一转道："好啊！和各山头都是拜把兄弟？那就是真正的土匪了，船货全部没收！”

一个士兵问：“船货没收，那船上的人怎么办？”

“全他妈的有通共的嫌疑，不枪毙就便宜他们了，统统当壮丁带走！”那个军官把手一挥，下边的士兵一个个如狼似虎地窜上来，把邱少云他们捆了起来。

就这样，邱少云就被糊里糊涂地拉进了国民党军队里，出起了苦力。

壮丁当然是充当军队里的牛马来使唤的。当挑夫，背子弹，当伙夫，拉炮车，哪里的活苦活累哪里去干。而且在这里完全没有人身自由，挨打挨骂是家常便饭。这些兵痞就是那种德行，看谁不顺眼，“啪”就是一枪托。那些当点官的就更是坏透了，他们手中的马鞭子抽壮丁比抽马还要狠的多。

壮丁要想逃跑那就更难了。

邱少云曾经亲眼看到一个逃跑后又被抓回来的壮丁，被他们活活地打死。

他们的目的很清楚，就是杀一儆百，让大家绝了想逃跑的念头。

邱少云这时候虽然年纪不大，但却经历了许多的风风雨雨，成熟了很多。他对目前的处境非常清楚：跑有危险，但是这毕竟还存有一线希望；要是老实地待着不想别的办法，早晚也得让他们折磨死掉。

在当壮丁的 20 多天里，地狱般的苦难折磨，使邱少云本来就瘦小的身子几乎变得骨瘦如柴。但是，却使他更加看清了国民党军队欺压人民的反动本质。仇恨擦亮了他的眼睛，烧沸了他的热血，他开始思考问题：他的爷爷、爸爸为什么会一个个的惨死？老百姓为什么会成了任人宰割的羔羊？……他好像一下子长大了许多。要想像一个真正的人活着，就不能靠他们施舍，靠欺压统治自己的人发善心，那是绝对办不到的事情。

虽然，这种想法是属于一种朦胧的阶级意识，但是这对邱少云的成长来说，应该是很关键的一步。

他偷着告诉弟弟：“我们一定要想办法跑掉，不然的话就只能是死路一条。”

这一天黑夜，壮丁和所在的部队走在一条曲曲弯弯的山路上，队伍拉开了距离。邱少云见有机可乘，利用山石拐弯处的掩护，拉着弟弟钻进了浓密的灌木丛。

他们竟然内没有被发现。

弟兄俩像冲出了罗网的小鱼，拼命地跑啊跑啊，一口气跑出了好远，才听见后边的放枪声。

实践证实了自己的想法，求人不如求己。

邱少云决定：船工是不能再干了。在这兵荒马乱的世道里，这应该是最危险的活计了。官欺匪抢，随时可能就会被那个军头抓了壮丁。他想闯一个新的世界，从此离开了江湖码头，走进了从来也没去过的城市。

城里毕竟是市面之地，人多活儿也多。邱少云和弟弟终于找到了一个在小饭馆当堂倌的活儿。可是，干这种活儿没有工钱只管吃饭。

这也好，总算没有生命的危险。邱少云很知足了。

饭馆是三教九流汇集之处，信息量也自然就大：什么当年的红军已经改编为新四军，在江南怎么打得鬼子哭爹叫娘。什么国民党对新四军下了黑手，在一个叫“皖南”的地方中了国军的埋伏，折了许多人马。

他一开始是把这些事情当故事听的，只觉得有趣。可是后来就越来越品出点味道来了：那就是，国民党和共产党不是一回事。共产党的军队是穷人的部队，是为了给穷人打天下的。

他想：要是真有这样帮助穷人的部队，那该有多好哇！

他觉得自己的生活有了希望，因此就更加留意身边的这些话题。

1945 年 5 月，苏军攻克柏林，德军正式向盟军投降，第二次世界大战欧洲战场的战争宣告结束。1945 年 8 月，美国军队在太平洋战场上对日作战胜利，逼近日本本土。8 月 6 日和 9 日，美国在日本的广岛、长崎投掷了两颗原子弹。

8 月 8 日，前苏联政府对日宣战，出兵中国东北。8 月 9 日，毛泽东发表了《对日寇的最后一战》的声明，要求八路军、新四军及其他人民军队，在一切可能的条件下，对一切不愿投降的侵略者及其走狗实行广泛的进攻。1945 年 8 月 14 日，日本政府照会美、英、苏、中四国政府，宣布接受《波茨坦公告》。8 月 15 日，日本天皇裕仁以广播“终战诏书”的形式正式宣布日本无条件投降。9 月 2 日，日本投降的签字仪式在停泊于日本东京湾的美国战列舰“密苏里号”上举行。9 月 9 日，在南京陆军总部举行的中国战区受降仪式上，日本驻中国侵略军总司令冈村宁次代表日本大本营在投降书上签字，并交出他的随身佩刀，以表示侵华日军正式向中国缴械投降。

日本天皇宣布无条件投降了。

抗日战争胜利的消息传来，人们欣喜若狂，奔走相告。

重庆沸腾了！

成都沸腾了！

整个四川的城市乡村都沸腾了。

中国人都在喜气洋洋，沉浸在这伟大胜利的喜悦中。

高跷、狮子、龙灯上街；鼓乐喧天，吹拉弹唱。神州大地成了一片欢乐的海洋。邱少云心中也充满了从未有过的快乐和自豪。

“抗日战争胜利了，中国向何处去？”

在报童的叫卖声中，邱少云听到了一个这样大的题目。

“共产党的领导人毛泽东到重庆谈判。”

在报童的叫卖声中，邱少云听到了这样一个重大新闻。

这是一个带有传奇色彩的历史故事，它显示了一个以国家民族利益为己任的大党领袖的独特风采。

抗日战争胜利后，蒋介石疯狂抢夺抗战的胜利果实，积极准备发动内战，消灭共产党，消灭共产党所领导的解放区和人民军队。但蒋介石对立刻发动全面内战还有顾忌。一是经过八年抗战，全国人民普遍期待能和平建设自己的国家，包括民主党派甚至国民党内部的一部分人亦反对战争，要求和平；二是英、美、苏三国当时都表示不赞成中国发生内战；三是蒋介石的精锐军队在抗战期间大都退到西南和西北地区，要迅速开赴解放区前线一时有不少困难，还需要有一段准备的时间。因此，他一面调兵遣将，一面发动和平攻势，于1945年8月14日、20日、23日连续三次电邀毛泽东到重庆谈判。中共中央于8月23日在延安召开政治局扩大会议，会议认为，抗日战争阶段已经结束，新的阶段是和平建设，应当力争一个有利于人民的和平建设时期，即使是暂时的和平，也应当积极争取。为了保卫人民的利益，尽一切可能争取和平，避免内战，或者使内战限制在局部范围，或者使全面内战尽可能地推迟爆发，同时，也为了有利于揭穿美蒋和平阴谋，有利于团结教育全国人民，中共中央决定派毛泽东、周恩来、王若飞为代表，赴重庆与国民党谈判。8月28日，毛泽东、周恩来、王若飞在美国驻华大使赫尔利、国民党政府代表张治中的陪同下，从延安乘专机赴重庆。在重庆期间，毛泽东就和平建国等问题直接同蒋介石进行多次商谈。有关问题的具体谈判主要在中共代表周恩来、王若飞和国民党政府代表王世杰、张群、张治中、邵力子之间进行。由于国民党本来没有和谈的诚意，没做谈判的任何准备，谈判的程序、议案均由共产党方面首先提出，才使谈判筹备工作得以基本完成。双方代表就一般问题交换意见后，9月3日，中共代表提出关于两党商谈的主要问题11项提要交国民党政府代表，主要内容包括：确定和平建国方针，承认各党各派的合法平等地位，承认解放区政权及抗日部队，结束国民党的一党统治等，并表示拥护蒋介石的领导地位。9月8日，国民党政府代表根据4日蒋介石亲拟的《对中共谈判要点》，对中共的11项提要提出书面答复。蒋介石对这次谈判的方针是，准备在政治上作出一些关于开放民主自由的空头许诺，但一定要在"政令军令统一"的名义下取消解放区和人民军队的存在。因此，他在表面上不得不承认中国共产党的地位，不得不承认各民主党派的地位，不得不承认和平团结的方针，并允诺召开政治协商会议；但对于解放区政权和人民军队的地位，却坚决不予承认。这些问题就成为谈判中争论的中心问题。谈判过程中，国民党调集重兵进攻上党解放区，甚至把参加谈判的国民党代表远调他处，至9月21日，谈判陷于停顿，一星期后才恢复谈判。为使谈判能获得进展，中共方面先后作过多次让步，但国民党方面执意不作任何松动，以致双方无法在这个问题上达成协议。10月10日，国共双方代表签订了《政府与中共代表会谈纪要》，即《双十协定》，并予以发表。《纪要》就和平建国的基本方针、政治民主化、国民大会、党派合作、军队国家化、解放区地方政府等12个问题阐明了国共双方的见解。但在人民军队和解放区政权问题以及接受日军投降等问题上双方仍存在着尖锐的分歧。10月11日，毛泽东在张治中的陪同下飞回延安。周恩来、王若飞仍留重庆与国民党继续商谈尚未取得协议的问题。

尽管中国共产党对制止内战，作出了巨大的努力，但是蒋介石却一直没有放弃消灭共产党的战略部署。外边战场上的情况，邱少云不太知道，但是在城里却随时都能听到抓共产党的事情。他也知道，国民党的军队非常凶残。因为曾经亲眼看到他们把共产党的人头挂在城楼上示众的惨状。

内战虽然暂时还没全面展开，可是在国统区反共的活动早已开始，国民党的高压统治也就越来越残酷、疯狂。不论白天黑夜，警笛长鸣，特务乱窜。内心空虚的国民党惟恐共产党在转眼间就夺了他们的天下；大街小巷，都是他们搜查的地方。小饭馆自然也不会例外，甚至于连卖报的报童，端盘子刷地板的堂倌也进入了他们搜查的视线。有几个邱少云经常见到的报童堂倌，也被他们当成怀疑对象抓进了警察局。就是在这样的白色恐怖下，城里还是能清楚地看到共产党的活动，满街上经常出现的“打倒国民党反动政府，反对内战”之类的标语不说，还时不时也会有作恶多端的特务、警察被处决，而且旁边还贴着人民政府的判决书。

共产党都是些什么样的人呢？为什么都不怕死，而且是越抓越多呢？在小饭馆里，他几乎抓住机会就会向来这里吃饭的客人打听。小饭馆是三教九流聚集的地方，什么样的人没有啊？这里边也不乏有共产党的地下工作人员。

知识的积累和阅历的增加使他慢慢地明白了：这些人都是为国为民的英雄豪杰，他们为了实现自己革命的目标不惜抛头颅洒热血，就是要使全国人民得到解放，过上没有压迫没有剥削的民主自由的新生活。

他是一个苦大仇深的孩子，对这种美好的生活自然而然地产生了向往。

后来，他听说共产党说领导的部队叫解放军，在东北打了大胜仗。国民党的反动部队正节节败退，由东北退到华北，由华北退到中南。

不久，邱少云又听说，解放军已经攻到湖南，很快就会打到四川了。邱少云觉得这样的军队应该是他们这样的穷孩子的依靠。这时候，他产生了要参加解放军当兵的念头：因为，他有父仇没报呀！要报仇就得当兵拿枪杆子。可是国民党的兵他见得太多了，都是祸害老百姓的，他在心里对这些部队没有一点好印象。他对弟弟说：“咱走吧！到靠近湖南的地方去找解放军，跟着解放军一起打到咱邱家湾，咱爸爸的仇就有希望报了。”

“哥哥你要当兵?”

“对，哥哥就是要当兵，当解放军的兵。”

获得新生

以蒋介石为首的国民党反动政府在虚假地与中国共产党进行和平谈判的同时，积极进行内战的准备。

1946 年 6 月底，在美帝国主义的支持下，国民党反动派彻底撕毁停战协定和政协决议，悍然对解放区发动全面进攻。中国共产党领导解放区军民英勇地进行自卫，开始了伟大的人民解放战争。

从 1946 年 6 月至 1947 年 6 月，人民解放军处于战略防御阶段。战争主要在解放区进行。中国共产党制定了放手发动群众，调动一切积极因素，团结一切可以团结的力量，建立最广泛的民主统一战线的政治方针，以及集中优势兵力，各个歼灭敌人，以消灭敌人有生力量为主要目标的军事方针。人民解放军在这些正确方针的指导下，前 8 个月粉碎了国民党的全面进攻；后 4 个月努力打破国民党的重点进攻。同时，在中国共产党的领导下，国民党统治区人民反饥饿、反内战、反迫害的民主爱国运动也逐步高涨，形成了反对蒋介石反动统治的第二条战线，使蒋介石处于全国人民的包围之中。

从 1947 年 7 月起，人民解放军由战略防御转入战略进攻，以主力打到外线去，将战争引向国民党统治区，在外线大量歼敌，迅速改变了敌我力量的对比。与此同时，在解放区彻底实行了土地改革，开展了整党和新式整军运动。从 1948 年 9 月至 1949 年 1 月，人民解放军先后进行了辽沈、淮海、平津三大战役，基本上歼灭了国民党军主力，解放了长江中下游以北的地区。1949 年 3 月中共中央在西柏坡召开七届二中全会，决定了党对取得全国胜利以及在全国胜利以后的基本政策，批准了毛泽东主席关于以八项条件作为与南京政府进行和平谈判的基础的声明。为了早日结束战争，4 月 1 日，以周恩来为首席代表的中国共产党代表团同以张治中为首席代表的国民党政府代表团在北平开始举行谈判。4 月 15 日，中共代表团将《国内和平协定最后修正案》送交国民党政府代表团。但是在南京的国民党政府拒绝接受这个协定，谈判宣告破裂。由于国民党政府拒绝签订国内和平协定，1949 年 4 月 21 日，毛泽东、朱德发布了向全国进军的命令。由总前委书记邓小平统一指挥的第二、第三野战军（原中原野战军和华东野战军）发起渡江战役，一举摧毁了国民党军的“长江防线”。4 月 23 日解放军占领南京，宣告了延续 22 年的国民党反动统治的覆灭。随后，人民解放军各路大军继续向中南、西北、西南各省举行胜利大进军，分别以战斗方式或和平方式，迅速解决残余敌人，解放广大国土。到 1949 年 9 月底，除西南和广东、广西部分地区外，全国大陆绝大部分地区获得解放。

从 1946 年 7 月至 1949 年 9 月，人民解放军在 3 年多的解放战争中，共歼灭国民党军 625 万余人，摧毁了国民党各级反动政权，从根本上推翻了帝国主义、封建主义和官僚资本主义在中国的统治。1949 年 10 月 1 日，中华人民共和国宣告成立。

形势的发展就是这样快，就在邱少云向湖南方向去迎接解放军的时候，湖南已经和平解放，解放军已经挥师入川。

国民党的军队兵败如山倒，惶惶如丧家之犬向西北方向节节败退。相当部分已经成了散兵游勇，他们一边逃跑一边抢劫，成了穿着军装的土匪。再到后来他们看到大势已去，索性就脱下军装成了地地道道的土匪了。

这样，我军剿匪的任务就相当大了。这些土匪在解放军毁灭性的打击下，很快就成了惊弓之鸟，他们打一枪换一个地方，常常一夜之间就换好几个宿营地。邱少云很怕在半路上碰到他们。他明白，只要碰上就意味着伤害。除了你愿意跟着他们当土匪，不然，他们是绝对不会放了你去通风报信的。可是，邱少云为了能早一点实现自己参军的愿望，他还是马不停蹄地向有解放军的地方靠拢。

1949 年 12 月，邱少云回到了邱家湾，找到了解放军，要求参加革命的队伍。

“你为什么要参军呢?”一个解放军的指导员笑呵呵地问他。

“报仇!”邱少云明确地回答，接着他字字血，声声泪地倾诉了自己一家的悲惨遭遇。从他爸爸被船霸害死，到母亲死他们成了孤儿以及带着弟弟逃荒要饭等磨难。

他从来都没有说过这么多话语，特别是当着这么多人的时候。这是因为有了向亲人一倒冤屈的时候啊！战士们听了都很同情，有的还掉了眼泪。可是，在指导员的循循善诱下，他才明白在这样暗无天日的社会里，并不是只有他一家才有这样的血泪账。当兵参加解放军不能是为了报私仇，而是为了推翻国民党反动政府，消灭土匪保护人民的利益，让全中国的老百姓都安居乐业，不再受压迫剥削。

他明白了：为什么共产党抛头颅洒热血的干革命，为什么老百姓都从心里拥护共产党解放军的原因了。

参加了解放军，在老同志的言传身教下，邱少云的思想很快得到了升华。听到了很多激励人心的故事：十一纵有一位战士叫董存瑞，在去年解放军解放隆化城时，他舍身炸敌碉堡，壮烈牺牲。邱少云入伍的时候，正是全军号召向董存瑞同志学习的时候。他听老同志讲："当时，董存瑞的任务是炸掉敌人桥上的碉堡，待他运动到桥下，可是这里空空荡荡，没有可供安放炸药的地方。他站在桥下，心急如焚。可是桥上碉堡里的敌人在疯狂地扫射，等待冲锋的战士都在眼巴巴地看着他。冲锋的时间就要到了，耽误一秒就意味着许多战友的流血牺牲！在这紧急的关头，董存瑞果断地用左手托起炸药包，把它死死地顶在桥上的碉堡下边，右手猛地拉开了引火线，回过头来对战友们喊道：'为了新中国，冲啊！'一声巨响，桥上的碉堡被炸毁，我们的英雄与敌人同归于尽了。"

邱少云听的很用心，这个故事，在他的心中树起了一个伟大英雄的形象，特别是那一声："为了新中国，冲啊！"气壮山河的强音久久地回荡在他的心中。

另一个对他更受启发的故事就是张思德了。

这个故事是听指导员讲的：他说张思德是一位全心全意为人民服务的典范。生前是中共中央警卫团的班长，为了抗日，他经过了二万五千里长征。他作战勇敢，负过伤，只要是为人民服务的事，他都全心全意地去做。1944 年 9 月 5 日他在陕北安塞县山中烧炭，因为炭窑崩塌而牺牲。他牺牲后，中央直属机关为他开了追悼会，在会上毛主席发表了演讲。毛主席说："人固有一死，但死的意义有不同，中国古时候有个文学家叫做司马迁的说过，人固有一死，或重于泰山，或轻于鸿毛。为人民利益而死，就比泰山还重，替法西斯卖力，替剥削人民和压迫人民的人去死，就比鸿毛还轻。张思德同志是为人民利益而死的，他的死是比泰山还要重的。"

指导员说："在这个会上，毛主席还说，'中国人民正在受难，我们有责任去解救他们，我们要努力奋斗。要奋斗就会有牺牲，死人的事是经常发生的。但是我们想到人民的利益，想到大多数人民的痛苦，我们为人民而死就是死得其所。"

对指导员所讲的这个故事，邱少云听得入了神，他仿佛看到了毛主席在追悼会上发表演讲时的神态，看到了毛主席那严肃的表情。他默默地在心里复述着毛主席的话，他觉得他到现在才真正懂得了什么是人民战士，什么是为人民服务，懂得了怎样对待生，怎样对待死。向真正成为一名合格的人民战士跨出了坚实的一步。

小河边的战斗

夺取全国胜利后，不仅一些散兵游勇变成了土匪，而且还有些国民党军队是有组织的整师整团潜伏下来，和当地恶霸势力勾结一起占领村寨，甚至占据川黔湘鄂交界处的一些县城，对抗人民政权，杀害人民干部，抢劫群众财物，无恶不作，已经到了不剿灭土匪人民政权就不能巩固的地步。所以，中华人民共和国成立后，中国人民解放军的主要任务就转向了在全国范围内的剿匪战斗。我们不妨重温一下当年的这些珍贵的资料，就能看出当时斗争的激烈程度。

四川剿匪：1950 年 4 月 1 日，西南各省区的国民党残余势力开始了疯狂的暴乱，贺龙和王近山率部进行歼灭。西南地区的剿匪斗争历时两年半，累计歼灭土匪 116 万人。

广西剿匪：解放初期，广西数十万土匪、特务别动队叫嚷要实行蒋介石的应变计划。人民解放军在叶剑英、陶铸领导下，于 1951 年 5 月 1 日前消灭了全省土匪，累计消灭土匪、特务 42 万余人。

贵州梵净山剿匪：1950 年 11 月至 12 月，中国人民解放军川东军区部队在贵州省黔东北梵净山地区进行剿匪作战。至 12 月 15 日，梵净山会剿结束，共歼灭土匪 12700 余人。

东北剿匪：1946 年 1 月至 3 月，东北地区共进行了较大规模的剿匪斗争 212 次，歼灭土匪 7 万余人，收复被土匪盘踞的城镇 11 座。

湘西剿匪：1949 年 9 月下旬，解放军第 47 军、46 军 136 师、38 军 114 师等主力部队奉命进入湘西剿匪。至 1951 年 2 月 47 军赴朝参战为止共歼匪 92081 人，缴获大量枪炮弹药，肃清残匪 2 万多人。

邱少云参军的第一次战斗就是在这样的大背景下开始的。

潜藏在黑风口的匪首秃鹰，因为有几股国民党溃逃的部队参加，觉得腰粗胆壮了，处心积虑的要想割据一方。有一次他派了几个枪手，闯进区政府杀害了我们的丰区长，然后在集市上大肆进行反革命宣传，煽动被打散的土匪和国民党逃兵到他的门下，气焰十分嚣张。上级派邱少云所在的部队，务必尽快地消灭掉这股土匪。

由于邱少云是本地人，素质好，人又机灵；被选派参加了侦察小队。

侦察小队先到区政府察看了现场，找到了丰区长的一本日记。

在丰区长的日记中，记载了有关秃鹰的一些活动线索，从中了解到：

这个家伙是国民党兵痞出身。他心狠手毒，专干杀人抢劫的勾当，被抢的百姓无数，大家对他恨之入骨。只是这家伙十分狡猾，行动飘忽不定，这里又地形复杂，山高林密，他们在暗处，我们在明处，实行大规模的清剿无异于高射炮打蚊子，使不上劲去。部队经过详细的分析后认为，应该首先派一个同志深入到敌人内部，摸清楚他们的活动规律方可聚而歼之。邱少云知道了这件事，便勇敢地提出要担当这个任务。他说他有这样几个别人不可替代的条件：首先，他是当地人，从口音上不至于引起土匪的怀疑，再一个就是这一带就是他的家乡，从小就在这里转悠，地形熟悉。年龄小又瘦弱，装成想混饭吃才当土匪的容易被人相信。部队领导仔细分析研究了邱少云的意见，认为目前还真是他去比较合适，认为土匪现在正在扩充人员之际，实施这个计划还是可行的。

部队领导通过多方创造条件，邱少云终于成功地潜入了敌人内部。

为配合他的行动，小分队的行动更加谨慎，以静待动，情况不明绝不行动。

过了几天，邱少云递出了第一个情报：秃鹰勾结其他几股土匪，约好在今日夜晚要进行一次联合行动，集结地点是飞仙洞附近，并摸清了他们的接头暗号。部队立即行动，队长带领小分队的战士悄悄向飞仙洞进发，大家身着便衣，打扮成土匪模样。战士们穿过一片荆棘丛生的乱石岗。当行至离目标只有二三里路程的时候，就听到前面树丛中传来“哗哗啦啦”的响声，队长立刻命令战士们悄悄围拢过去。等近了才发觉声音来自一群人，人群中有人朝这边拍手，这边也同样回拍了几下，这样两支队伍就渐渐会拢了。这是一伙土匪，对方一伙中那个胖子是这伙土匪的头目，很显然这伙土匪是奉命到这里来集合的，他们误把我小分队战士当成了自己人。

队长决定将计就计，等与对方对了面，摆出比他们更有身份的派头审问他们，问得非常详细。这伙土匪个个将枪携在怀前，一点儿没有戒备。等问明了情况，队长突然下令：“给我捆起来!”战士们一拥而上，十几个土匪全部就擒。

从审问土匪的情况来看，土匪集合的时间、地点与邱少云的情报一点儿不差，估计秃鹰此时正在飞仙洞内。指导员同大家合计了一下，认为如果在庙里抓捕，回旋的余地较小，土匪一旦抵抗就很难避免伤了邱少云，正在着急的时候，却发现一个人影向这边走过来。

是邱少云！指导员高兴地发出了暗号。原来，邱少云借口自己拉肚子睡不着，已经故意和一个匪兵换了哨。

“打！”一阵激烈的枪声陡然响起，土匪一下子炸了群。在这突如其来的打击下，他们放弃了抵抗，几十个土匪束手就擒。匪首秃鹰原想蒙混过关，便假说自己只是一般的人。可是，看到邱少云原来是解放军潜入进来的侦察员，就立刻放弃了抵赖，承认自己就是秃鹰。但是当他弄清楚我侦察小分队只有五六十个人的时候，他却又冷冷地笑起来。

原来，他的姐姐也是匪首，手下的五六百人的土匪队伍此时也正在向这里集中。他狂妄地道：“弟兄们，别看我已落入你们的手里，可是我姐姐的五六百人就在你们附近，估计现在已经对你们形成了包围。只要你们不把事情做绝，我会让姐姐不难为你们，不然的话，你们马上就会有灭顶之灾！”

秃鹰嚣张之极。

这却是邱少云不曾掌握的情况，心中不免感到有些懊悔。

面对敌人的狂妄，指导员却是从容镇定，对秃鹰威严地道：“你放老实点，哪个地方都是人民和共产党的天下，不管怎么样你们都逃脱不了灭亡的命运，识时务的快点交代出你所有的匪徒都在什么地方！”

“不是告诉你了吗？我们的人正在向这里集中！”秃鹰依然非常猖狂。

这时，侦察员过来报告，周围的土匪果然都在向这里移动过来。证实了情况，指导员立刻下令，小分队按原定路线撤出，把这些集结过来的土匪交给大部队去收拾他们。见小分队原来是有备而来，秃鹰像一只撒了气的皮球把头耷拉下来。

这次战斗打得非常漂亮，土匪们原想是仗着比对方多十几倍的力量包围了小分队，可他们哪里想到：螳螂捕蝉，黄雀在后，他们差一点儿全部被我大部队包了饺子。

邱少云初次上阵却是旗开得胜，充分显示了他的军事潜能。领导表扬，战友们夸赞，他的心里也是美滋滋的。他感到在部队干的一切事情都是非常有意义的。他已经清醒地认识到，自己从此后要永远生活在这个战斗集体里，一辈子都不会离开。

这次剿匪打击了反动势力的嚣张气焰，鼓舞了人民群众的跟着共产党走的热情。有了解放军的强大后盾，大家再也不会谈匪色变，人人安居乐业，呈现出多年少有的太平境象。

当然，任何反动势力都不会轻易地离开自己的舞台。这次战斗虽然取得了很好的战果，但是对土匪势力还远远没有形成毁灭性的打击。他们仗着地形熟悉且又在黑夜，乘机跑出去了不少。

为了消除隐患，防止他们卷土重来，剿匪部队一刻也不敢放松警惕，他们在上级的指示下，立刻又投入了新的战场。

小分队把匪首秃鹰交给大部队看守，又继续进入深山进行艰难的侦察搜捕工作。后来有个认识邱少云叫阿祥的农民来报告说：他哥哥阿福被一个土匪头头带人抓进了朝阳洞。

阿福曾多次给我们提供过准确的情况。听说他陷入了魔窟，大家立刻着起急来。

事不宜迟，指导员一边派人向大部队报告，一边带领小分队向朝阳洞进发，以防夜长梦多，土匪闻信而逃。

邱少云的路熟，小分队在他的引导下，抓抢时间急速行军。

可是他们没有想到，这时在大部队已经发生了一件意想不到的事情：秃鹰逃跑了！原因是看守他的战士麻痹大意，违反纪律，擅离职守，被潜藏在我军中的敌人趁机把他放了。

侦察小分队不知道发生了这种情况，依然向凤凰洞进发。可是，刚走到朝阳洞南的朝阳河边，战士们正要渡河，突然，枪声大作，侦察小分队被秃鹰带领土匪三面包围了。事出突然，敌众我寡，整个形势呈现出对我不利的态势。三面对敌，一面临河。事情非常紧急，面对穷凶极恶的敌人。侦察队长果断地命令机枪压住土匪的火力，并让狙击手瞄准敢于露头的土匪，争取让他们一枪毙命；以此威逼他们不敢猖狂进攻，拖延时间。然后，派人渡过河去向大部队报告。

邱少云从小就在江河里翻腾，练就了一身水中的本领，就向侦察队长主动争取到了这个任务。

邱少云悄悄下水，一个猛子潜入河中。一口气在水底潜游了100多米才在对岸的一丛柳树后爬了上来，等土匪发现后组织火力扫射时，邱少云却已经借山石的掩护，冲出了他们的火力封锁，任土匪的子弹雨点一样落在水面上，却对他已形不成任何威胁。

邱少云边跑边想：没想到小时候捞鱼摸虾所练出来的小伎俩，在紧要处能派上这么大的用场。看起来，自己以后要刻苦学习，练出一身的好本事，那才真的算是一个合格的战士咪！

邱少云很聪敏，哪怕是在这么危险紧急的时候，也没有忘记动脑筋思考。

应该归功于当船工的跋山涉水，在崎岖蜿蜒的山路上他竟能快步如飞。

一个小时之后，他遇上了向南急行军的大部队，领路的就是阿福。

邱少云向部队首长报告后，和阿福一起领着大部队冲向朝阳河，途中阿福对他说，秃鹰派枪手通知朝阳洞土匪到朝阳河南岸伏击，他乘土匪慌乱之机溜出了朝阳洞，隐藏在山林里，恰好遇上了大部队。邱少云告诉他，见到了他的弟弟。邱少云觉得和阿福特别亲，对他说："兄弟，多亏了你，打完了仗，消灭了秃鹰，你也参军吧，咱们在一块。"阿福说："不，我野惯了，部队纪律太严，我受不了。"邱少云又问："你为什么冒着生命危险帮大军剿匪？"阿福说："我爹给丰区长带过一回路，土匪就说违反了他们的十杀令，把我爹爹当众点了天灯！"邱少云想把指导员给自己讲的道理讲给他听，可是话到嘴边却不知道该怎么说了。

他想：人真是各有各的活法儿，确实是很难勉强的。

河畔之战越来越激烈，土匪仗着人多势众，"嗷嗷"叫着发起了多次冲锋，都被我侦察小队的战士们打了回去，匪徒的尸体倒的横七竖八，鲜血染红了半边山坡。因为我们取守势，土匪取攻势，他们也知道小分队已经派出了联络员，知道后援部队很快就会赶来，所以他们红了眼，恨不得一口就把小分队给吃掉。其实，他们这是犯了兵家大忌，更给小分队点射歼敌提供了有利战机。

"哒哒！哒哒哒……"机枪怒吼着，"啪啪！啪啪！"步枪像是给这血与火的交响提供节拍。土匪一批批倒下去，匪首秃鹰疯狂了："共军没有子弹了，你们听不见他们的枪声像驴放屁似的。给我冲啊！冲上去，老子有重赏！"

可是土匪也不全是笨蛋，知道对方虽然枪声稀疏，可命中率实在是太高了。他们冲上去的人，像是都得了一种什么瘟病，只要上去立刻就会歪歪斜斜地倒下来。

嗵、嗵、咣、咣……

我大部队的炮声响了！劈头盖脑地在土匪阵地上落下来。土匪明白我们的大部队已经开了过来，霎时间吓走了三魂，惊跑了七魄；哪里还敢向前，一个个只恨爹娘给自己少生了一双快腿，撒丫子退了下来。

秃鹰开枪打死了两个退下来的匪徒，破口骂道："一个个没种的东西，慌什么！还远着哩！接着攻！趁着他们还没有来到，快快地给我拿下！"

好像要消他的能气，随着秃鹰的话音没落；嗵嗵、咣咣又是十几炮压过来。

匪首秃鹰也撑不住劲了，也不不骂了。手枪一挥下令道：“撤！”

像是死刑犯听到了特赦令，大小土匪撒腿就跑。这时候，侦察队长下令追击。，于是，侦察小队转瞬变成了大部队的先锋队，战士们一跃而出，追着土匪的屁股打过去，死死咬住土匪不放。

跟在小分队的后边，大部队迅速渡河追击，战斗连续进行了一天一夜，到第二天中午，歼灭了土匪七百余人，肃清了黑风口大山里的土匪。

可是匪首秃鹰仍然没有捉到。这家伙实在是太滑了。

侦察小队的任务不算完成，还要擒拿这个秃鹰，消除隐患。

渡口擒敌

黑风口匪徒被歼灭的消息，像长了翅膀很快传开。人们不再害怕土匪，不再怕变天，敢活动，敢说话，敢和解放军接触了。但问及匪首秃鹰的行踪时，仍然是无人知晓。

真是无巧不成书，有一次部队开剿匪庆功大会，邱少云和侦察小分队的战士们自然也都参加了。邱少云无意中邱少云发现了一个当年参加抢货船的麻脸班长，就坐在台下，不过此时他穿着解放军的服装。在那次事件中，那个麻脸班长扣人、扣船是比较凶的一个，而且脸上有麻子，邱少云对他的印象特别深刻。

这时候，国民党兵败如山倒，有很多被俘人员和投诚人员要求参加解放军，本来那麻脸班长在战士队伍里也应是很正常的事情。可是，当邱少云和他二目相对的一刹那，麻脸班长的表现却露出了破绽。见到他邱少云，他显得惊慌失措。接着，又装出一副若无其事的样子，似乎自己从来就没见到过邱少云。邱少云想：在解放军里实行的是官兵平等，国民党士兵参加解放军后大都心情舒畅，有一种被解放了的自豪感。因此也就表现得非常从容坦然，为什么偏偏他表现得如此紧张，甚至给人产生出一种表里不一，前后矛盾的复杂心态呢？

“会不会这里边隐藏着什么不可告人的东西？”

邱少云觉得事关重大，马上给侦察队长作了汇报。

经过调查。部队领导果然发现在他的履历表上，他竟然隐瞒了他当过国民党兵的背景。更不要说当过班长以及其他重大历史问题了。

好事不隐瞒，隐瞒无好事。

果然在接着调查中，就发现了一些更为严重的情况。巧合的是，在匪首逃跑的那天他也正好请了假！

“请问，你在那天请假干什么去了？”

“去看望几位流浪时的难兄难弟。”

“他们现在哪里？”

“他们是流浪者，无根的浮萍四处漂流，我现在也不知道他们又去了什么地方？”

通过讯问，虽然从表面上看起来麻脸班长应答自如，从容不迫；但又怎能掩盖住其内心上的空虚。经过归纳分析领导初步认定：匪首秃鹰的逃掉与麻脸班长有重大嫌疑。为此，小分队决定顺藤摸瓜，利用麻脸班长的这个关系，找出这个匪首的下落。

“要密切监视他的行动！”侦察队长给邱少云下达了命令。

侦察小队也做好了随时出发的准备。

可是，这麻脸是个老狐狸，机警得很，一连几天也没有让邱少云看出一点儿蛛丝马迹来。

“怪了，难道真如他所说，自己已经和他们毫无关系；隐瞒身份的目的主要是觉得当过国民党兵是不体面的事情，所以才加以隐瞒的，”邱少云想，“不可能！在他身上肯定藏着不可告人的东西！”

他相信自己的判断，更加强了自己完成好这次监视任务的信心。

俗话说，只要是狐狸总是要露出尾巴。

一天，麻脸摊巡逻岗，恰巧又逢大雨滂沱。麻脸以为是找到了机会，便乘巡逻时悄悄地离开了岗位，飞速隐入夜幕之中。

可是他哪里料到，邱少云在这样的天气里，也并没有放松对他的监视。

麒麟皮下终于露出了马脚；邱少云高兴极了。

他和麻脸保持一定的距离，紧紧尾随其后。

他的身后是侦察分队的同志们。

麻脸逃出营区，急急如漏网之鱼；惶惶如丧家之犬，越过山头树丛，爬过绝壁悬崖，逃奔到一个叫三河口的地方。看看没人追来，便失魂落魄地钻入在河边一个较为隐蔽的木屋里。

看起来，这是他们的一个联系点。他进去后，就立刻有一个摆渡人出来为他观察望风。

这时候，天已经大亮，他们无法继续行动，邱少云密切监视着，发现他一天也从未钻出过小木屋一次。

为了不打草惊蛇，邱少云和小分队在耐心地等待着。

果然不出所料，约莫半夜时分，麻脸鬼鬼祟祟地钻出木屋，乘船离开渡口，在摆渡人的驾驶下，小船顺流而去。

跟踪追击。

邱少云和侦察员们尾随其后。见麻脸在隐蔽的地方再次上岸，走进一个村庄草房里，这时候屋中出来一个中年妇女，四处望了望又钻了进去。

原来这个地方叫陈家镇，在一个小渡口的旁边。这里虽说叫镇却只有几家小店，百余户人家。就是在白天，这里也没有一点儿生气。街上偶尔有人走动，也是行色匆匆，互相之间也没有打招呼说话的活动。完全是一种恐怖的气氛。

换成便衣的邱少云和战友们，从这沉闷的气氛中，已明确地感觉到极不正常的现象。显然这里还没来过解放军，是被解放区暂时所遗忘了的一个角落。

大家断定，那个麻脸进去的草房肯定就是匪首秃鹰的藏身之地。至少也应是他们的一个重要联络点。

“先端了这个贼窝！”侦察队长一声令下，小分队立刻包围了草房。果如所料：草房里匪徒们正在开会，一张大方桌放在正中间，围坐了一圈土匪头目，张着鸡头的手枪就摆在桌子上边。

始料未及，不是一两个，竟然是一群杀人成性的惯匪。而且武器就在他们伸手可及的地方。

在此情况下，随着队长大喝一声：“不许动！”邱少云双脚点地，“嗖”的一声窜上桌面，趁土匪短暂愣神的工夫，双手一划拉，这一圈手枪竟然全被他揽入了怀抱。这时，小分队的战士也如猛虎下山，各自擒住了瞄准的对象，立刻把他们给捆了个结结实实。

可是，遗憾的是，这里边却没有匪首秃鹰。

虽然没捉住秃鹰，但也是一次非同小可的胜利。群众见这些平日里胡作非为的贼众一个个耷拉着脑袋，被小分队战士押解着走出村庄，大家都感到非常解恨。

有人告诉小分队，亲眼看见秃鹰从后边跑了出去，向小树林方向去了。

原来，在小分队包围草房时，秃鹰正好在外边小解，所以才侥幸让他逃了出去。

不过，小树林的周围都是悬崖绝壁，既然奔了那个地方，也应该是很难跑出去的。

不是说这个家伙是个了不起的人物吗？他怎么会这样沉不住气，慌不择路呢？

这是因为麻脸已经告诉了他小分队的所在位置，大部队肯定会随后进剿的。他不这样走就等于自投罗网，所以才出此下策，妄图潜藏下去，然后再设法转移。没曾想，老百姓早已恨透了这个杀人魔王，见来了他的克星，怎么会不报告他的行踪？

听到群众送来的情报，队长立刻把人分成了两部分，一部分押送群匪向大部队转移，一部分继续向前搜索。

秃鹰原以为藏一会儿小分队就会撤离，正在草丛中沾沾自喜，庆幸自己的福大命大造化大；没想到小分队突然来到了他隐藏的区域，这才着了忙，慌乱间拔腿就跑，正好被邱少云一眼看到：

"站住！"邱少云大声怒喝。

秃鹰哪里会束手就擒，顺着声音，甩手朝邱少云就打过来一枪，然后，掉头就跑。

侦察队长喊："站住！缴枪不杀！"他仍不停步，跑得像兔子一样飞快。

邱少云请示队长道："这个家伙很顽固，打死算了。"

侦察队长低声对他说："不，我们要抓活的，好让人民政府公审他！"

这是一个政治性很强的活动，对新解放区各项工作的开展有不可估量的作用。所以不到万不得已，就尽量地不当场击毙。

经过一番围追堵截，最后秃鹰钻进一个山洞。

侦察员们成扇形包围山洞。喊话，让秃鹰投降。邱少云迂回到山洞口侧面绕过去，发现山洞在北面有一个出口，秃鹰刚钻出来，还没直起腰来，邱少云就像猛虎下山似的扑上去，将他拦腰抱住，接着一个侧身把秃鹰摔倒在地，随即骑上去卡住了他的脖子。

秃鹰这时候才想喊投降，但已经喊不出声来了。

紧接着是一系列的速决战，小分队又端了几个大小匪巢。在逮捕的那个中年妇女身上搜出了麻脸的密信。原来他是要到白佐渡口和他一起逃往甘肃敦煌。麻脸自然也没有漏网，经过审讯，原来这麻脸竟是秃鹰的弟弟，原想在国民党军队里混个一官半职的，不料兵败如山倒，只得投靠他哥哥。秃鹰让他混进解放军。以图东山再起。可是：善恶到头终有报，尽管他们机关算尽，到头来还是落得了一个身败名裂的可耻下场。

这一连串的战斗打得痛快极了，战斗结束之后，邱少云觉得有很多的心得特别想找指导员谈谈。可是，剿灭秃鹰之后，部队又有了新的剿匪任务。要向大山深处发展战果。

智捉群匪

消灭掉秃鹰后，剿匪工作又出现了新情况，号称蜀中王熊彪和盘踞在这一带的土匪经过了一段时间的整合，又开始蠢蠢欲动，经常到这一地区进行骚扰。

由于这里地形复杂，群众基础薄弱，动用大部队围剿无法施展，于是经部队领导研究，决定采取以其人之道还治其人之身的办法，先让小分队假扮成一支土匪的队伍深入到山里去，摸清他们的活动规律，然后再设法将其消灭。

于是，邱少云的所在小分队转眼就成了一支“土匪武装”开进了深山。他们自称是黔贵方面的散兵游勇；到此来只是为暂避风头。为了全面掌握他们的活动，通过内线，和他们中有身份的土匪头子拉上了关系。

当时由于我们的部队并没进山，这些地方的“兵匪”头目众多，非常混乱。因此，开始土匪对小分队也并没怎么在意。可是不久，他们就产生了一定的怀疑。原因固然很简单：他们发现这伙人和其他土匪不太一样。首先，从武器装备上过硬，长短枪整齐划一，不像他们左轮、橹子、汉阳造，乱七八糟什么东西都有。其次就是这伙人的行为规矩，他们来到后不抢不夺不害人。土匪哪有这样的？可是怀疑归怀疑，他们也不敢过于对小分队无礼，因为那时候，国民党虽然兵败如山倒，但是他们留下的“特务队”、“别动队”等武装，土匪们也不敢招惹，谁也不愿在无意中碰到了有来头的主儿，给自己招惹上麻烦。

不敢轻举妄动，却又感到这伙人的存在对他们来说，似乎隐隐地感受到有些威胁。

于是他们便勾结在一起，想出了一个把小分队挤出大山的办法来。

杀人越货，绑票勒索是土匪的拿手好戏。一天夜晚，小分队刚离开一个小山庄，这些土匪就假冒他们的名义到村里绑走了几个老百姓。行话说叫“肉票”。什么叫“肉票”呢？就是先把人家的人给捆走，然后让家里的人拿钱去赎。要是达不到目的就把人给杀了，这就叫“撕票”。

他们这一手也是够毒的。如果被绑者真的被土匪撕票杀死，小分队就很难继续在这里扎住根，更何谈完成这次特殊的剿匪任务了。更重要的是，我们的队伍的性质就是要保护人民的。又怎么能看着人民群众的生命财产受到威胁而不管呢？

根据这些天掌握的情况，小分队决定将计就计先消灭了眼前的这几个土匪头目，进而打开深山剿匪的困难局面。

经过周密计划，小分队决定用请客商谈“赎票”的办法，把他们吸引过来一网打尽。

一开始，由我们的内线钱起同志，找他们商量，说是小分队在外边搞了笔大买卖，打算花大价钱把人赎回。理由是：兔子不吃窝边草，要给自己留条退路。人在江湖，义字为先吗！

其实，这一套倒也符合土匪的黑道上的路数，他们果然上当接受了邀请。

这一天在大山深处的山神庙里，小分队设下了筵席，单等这些匪首们前来。

这是小分队进山后的第一个举措，一切布置都非常严密。为了消除土匪的怀疑，整个宴会只有四个人参加：队长、钱起、邱少云和另一个小战士维杰。

忽听："贵客到——"外面传来邱少云的喊声。

队长、钱起等相视一笑，急忙出门迎接。

只见土匪头目们依次走进庙门。不要说这些家伙今天是大意失荆州，实在是他们在这里横行多年还从没碰到过克星。他们对小分队往大处里想也当成了国民党的什么秘密留守队之类。所以他们才敢这样猖狂。

最早来到的是这里土匪的霸主，号称蜀中王。钱起大声招呼："熊帮主到——"然后又低声告诉队长道："这就是蜀中王熊彪"。

队长抬眼看去，这家伙膀大腰圆，扫帚眉下一对豹眼，果然凶悍无比。他现在是来赴宴，自然要经过一番装扮，头带黑色巴拿马礼帽，穿一身黑府绸裤褂，腰间斜插着两把德国造大肚匣枪，他不动声色地前后左右扫视了一遍，然后朝身边保镖使了个眼色，那保镖便一声不吭地退到了门口。

"左帮主到——"

"这是土匪里的二霸主！"钱起同志又低声的给队长作了交待。

"陆帮主、仇帮主、秦帮主……"随着钱起同志拖长声调地介绍，队长一一抱拳施礼。并熟练地按照"江湖村典"和当地土匪的黑话打着招呼。

在钱起同志的安排下，匪首们按黑道规矩依次坐好。队长一声吆喝："斟酒！"邱少云应声而入，他抱着酒坛子，把土匪们面前的酒碗全部倒满，大殿里顿时充满了酒的香味。

邱少云是队长精心挑选的，因为他非常聪明机灵，在上几次的剿匪活动中都有非凡的表现。所以，认定他也能出色地完成这次特殊的战斗。

见熊、左两个匪首不露声色，队长起身端起酒碗道："今天小可聊备薄酒，不成敬意，幸蒙各位赏光屈尊驾临，不胜荣幸之至。自小弟枉踏宝地，各位多方相帮，我们弟兄才能够落脚谋生。日后麻烦各位老大的事情肯定不少，在此小可敬大家了！"

果然奏效，匪首把酒仰脖干下。

一连干了三碗后，队长把侍立一旁的邱少云叫到身边，向众匪首们介绍道："这是我的爱徒，小云子，才下水的。"接着冲邱少云说："小云子，今天机会难得，还不向师伯师叔们敬两个酒，也算拜师了。"邱少云"叭"的一声跪倒在地，抱拳举过头顶："各位师伯师叔，徒弟有礼了。"众匪首看他虎头虎脑的样子，挺讨人喜欢，师伯师叔的叫得那么甜，不免晕乎乎的，齐声嚷嚷道："免了，免了！"邱少云起身挨个给他们端起，每人两碗酒又下了肚。竟有点要开怀畅饮的意思了。

其实，这些土匪也并不是傻瓜，对来赴宴是抱有戒心的。特别是熊彪，也是个见过大世面的主儿，来前曾向众匪首们再三安排：要防着怕是"鸿门宴"。可是，来到一看整个宴会这边连守门的不过四个人，还有两个是半大孩子，而且手中都没带着"家伙"。所以，这个一开始的警惕性就不期而然地放松了下去。

自己都带着硬家伙，大门口有保镖守着，想必不会出什么岔子。要太警觉了反而会被对方认为是小家子气，这岂不是丢面子的事情？

这是匪首们的心态。

这当然是小分队故意下的套子，以达到骄敌之目的。

对外边的保镖，更是有特殊照顾，趁着上菜的工夫，邱少云也给他们送去了酒菜，并说是熊彪专门安排的。并安排维杰好好地陪他吃喝。

主人对自己的照顾，保镖自然感激不尽，哪有不吃不喝的道理！

酒喝到一定程度，队长道，“不瞒诸位帮主说，兄弟我最近碰了点麻烦，前几天羊山庄被绑走几个‘肉票’，诸位帮主自然不会干，兔子尚不吃窝边草。兄弟我能在这大山立个脚混碗饭吃也就知足了，当然也不会干。可他们家里人偏说是我绑的，非跟我要人不可，你看这，唉——”

“就是吗！这样的事情我们怎么会干呢?”

队长接着说：“据兄弟打听是孤石山那边姓蚩的干的。”

“姓蚩的他妈的狗仗人势，竟敢到咱们的地盘来撒野，非教训教训他不可。”熊彪说完，众匪首赶紧附和：“是该教训教训！”

队长端起酒碗，俗话说“在家靠父母，出门靠朋友，兄弟人地生疏，不想又碰到这等头疼之事，实在是一筹莫展，还得仰仗诸位帮主为兄弟指点迷津。”他扫了众匪首一眼说：“来，兄弟再敬诸位两碗。”

喝罢了这两碗酒，熊彪眯起豹眼道：“不知老兄是想‘横刀夺爱’还是想‘暗度陈仓?’”意思是硬碰硬要人还是拿钱赎票。

“冤家宜解不宜结，兄弟自然愿意‘暗度陈仓’。不瞒诸位说，兄弟最近在外面做了笔生意，稍有积蓄，只要诸位帮主肯帮忙，兄弟我愿意倾囊。”队长装出很诚恳的样子说。

“那边向来开价太狠。”熊彪试探着说。

“请熊帮主代为估摸个数吧！”

“这……”熊彪一眨巴眼，伸出了五个手指比划一下，“恐怕得这个数。”“五千，数目太大，兄弟恐怕拿不出。”队长装着为难的样子说。

他见众匪首脸上现出失望的神情，赶忙转过话头：“这样吧，诸位帮主能出面帮忙，已使兄弟感激不尽，不能再让诸位作难，活人总不能让尿整死，我回去再想办法凑凑，三天之内还在这老地方见面，如何？”

“好——”众匪首齐声叫好，好像五千块白花花的大洋已拿到手。

菜已经吃得差不多，酒也喝了七八坛，有几个匪首已现出醉态。

但熊彪依然清醒，一双豹眼眼还是贼亮。他见队长身材魁梧，相貌堂堂，眉宇间透出一股凛然正气，乍看似有醉意，眼里却闪着令你琢磨不透的光。再看其他的伙计，都稳稳地坐在那里，神情肃穆，很像京戏中随刘备保驾的赵子龙。还有那个叫小云子的，一脸机警，仿佛随时都会像老虎一样扑上来。队长依然谈笑风生，不停地劝酒。

熊彪突然心里一激灵，似乎察觉到了什么。他赶忙站起身来，朝队长抱拳，“承蒙老兄盛情款待，时候不早，我们该走了，告辞，告辞！”他向众匪首连使了几下眼色，才歪歪斜斜地离了席。

走出庙门，熊彪回过身来，“请老兄留步。”队长并不停步，嘴里却说：“熊帮主对兄弟如此厚爱，哪有光请不送之理？不必客气。”

队长等送匪首们到了庙南的河口，河口静悄悄，一个人也没有。

“老六，老六！”熊彪连喊几声没人应，便扯起嗓子骂起来，“老六，你他妈的死啦！”老六是撑船送他们过河的，怎么连船带人都不见了呢，熊彪觉得蹊跷。

“这样吧”，队长以商量的口吻说，“叫小云子找条船来。”没等熊彪回话，邱少云已答应一声跑走了。熊彪捣了身旁的保镖一下，保镖颠着屁股追了过去。

众匪首纷纷往船上爬，船吃水越来越深，当上到第十个时，熊彪贼眼一转，突然闯上前去，“且慢!”伸开双臂将正要上船的匪首给拦住。他回过头来冲队长嘿嘿一笑，说：“这船恐怕吃不了这么重的载；还是就两趟吧!”钱起心里暗骂：“这个老狐狸!”嘴里却随口答道：“好吧!”原来这船是事先准备好的，在船帮的上部凿了两道暗缝，如果匪首全上去，水就会从暗缝中灌进来，到时候趁势一晃，就会把他们掀到河里去，这样两岸一夹击，一个也跑不了。没想到熊彪竟多了个心眼。

“小云子，开船，要拿稳啊!”队长朝抱篙立在船后的邱少云喊道。“哎!”邱少云响亮地应着，接着用篙朝岸上轻轻一点，船稳稳地离了岸。

“看好家伙，掉进水里可摸不着。”熊彪向船上的土匪暗示。

他自己暗暗地抓住了枪柄，以静待动。那个随邱少云找船的保镖，一直不离其主子左右。

船离北岸越来越远。

船靠了岸。土匪们踉踉跄跄往下跳，熊彪端着盒子枪在后面压阵。

等匪首们全下了船，邱少云突然大呼：“抓鱼喽!”

“哗——”从河堤后冲过来一群人，他们端着长枪的，举着手枪。原来都是小分队的战士。

砰砰叭叭一阵枪声响后，就听战士们高喊：“想活命的快给我举手!”众匪首被这突如其来的阵势给吓懵了，急惶惶乱成一团。那姓左的匪首举枪就要向战士射击，邱少云一扬手臂，竹篙从手中飞出，直奔他的后背。那家伙一声惨叫，倒在地上。其余的匪首慌乱地掏枪，早被战士击中手背，打断了胳臂……

就在邱少云高喊抓鱼的同时，在北岸的熊彪“嗖”地掏出了枪，没等他转过身来，早在后面盯着他的一个战士闯上去，拦腰将他抱起，“嘿”的一声将他扔进河里。保镖见势扑过来，邱少云飞起一脚，将他踢了个仰面朝天。这小子还真有两下子，他一个鲤鱼打挺又站了起来，“唰”的抽出刀子向邱少云逼来。邱少云并不躲避，待他举刀刺来的一刹那间，身子一闪，顺势用左臂挟住了他持刀的手臂，右手迅速卡住了他的脖子，接着弯起右膝朝上一顶，这小子“哎哟”一声就趴在地上不能动弹了。

与此同时，队长左右两拳打倒两个匪首，见小队员维杰正同一个匪首滚在一起，眼看被那个匪首压在下面，他飞身过去，对着匪首的腰就是一脚，将那个匪首踢翻，熊彪还没爬上岸，三支枪口已对准了他。

邱少云将船撑回北岸，冯起等人把熊彪等五人押到船上，向南岸驶去。等到了南岸，熊彪见到了老六，老六同样被捆了个结实。

这时河口外又出现一条船，那船正向这边驶来。等船靠了岸，才发现船载着的是那几个被绑票的乡亲，护送他们的是一名队员和钱起。钱起同志是从一个喝醉了的匪首口中套出藏“肉票”的地方的。乡亲们下了船，朝蜷缩在河滩上的匪首们切齿痛骂了一阵，含泪告别了小分队他们。

这一场抓捕活动，非常精彩有趣。邱少云依恋几天都沉浸在胜利的喜悦中。他很想把一些感想告诉指导员，因为他特别喜欢指导员，在他的身上，邱少云隐隐约约似乎找到了那久违了的对爸爸的情感。

可是，邱少云和他的战友经常要背着行李穿山越涧，一天追击一百多里。战斗激烈，行军艰苦，邱少云背上生了疮，脓血渗透了他的衣裳，他都顾不上让卫生员治一治，哪还有时间找指导员谈话。

每到宿营地，邱少云都争着站岗，越是恶劣的天气，越争着站岗，他想让战友们多睡会儿，第二天好继续行军。这样一来，他的自由活动时间就少了。

邱少云失去父母之后，也就失去了温暖的家。从进了了部队，他把部队当成家。到了驻地，他把房东当家，把老乡当亲人。把老乡的活儿当成自己家的活儿。挑水、扫院子、帮老乡种菜，他什么都干。他的时间也就更紧了。

这一阶段，指导员也忙得团团转，抽不出时间找战士谈话。

邱少云盼着再有那么个机会，坐下来与指导员谈谈心。盼那，盼那，这个机会终于盼到了，不过，不是和指导员坐着谈而是在行军中边走边谈。那天，邱少云背着两个背包行军，还扛着病号的一支枪，指导员跟上来了，问他："邱少云，那两首歌学会了吗？

邱少云知道指导员说得是《中国人民解放军军歌》和《三大纪律八项注意》，于是便点点头，表示自己已经学会了。

指导员道："很好，唱一遍我听听！"

邱少云见指导员要自己单独唱歌，脸红了。指导员说："唱革命歌曲也需要有勇气，而且必须得唱好，有什么不好意思的？"

在指导员的鼓励下，邱少云轻轻地哼道：

向前向前向前！
我们的队伍向太阳，
脚踏着祖国的大地，
背负着民族的希望，
我们是一支不可战胜的力量。
我们是人民的子弟，
我们是人民的武装，
从无畏惧，
绝不屈服，
英勇战斗，
直到把反动派消灭干净，
毛泽东的旗帜高高飘扬。

听！

风在呼啸军号响，

听！

革命歌声多嘹亮！

同志们整齐步伐奔向解放的战场……

这两首歌是每一个新入伍的解放军战士首先要学会的歌曲。其实，邱少云很喜欢这两首军歌，唱着它就感觉非常提神、有劲。唱着它就感觉自己在部队所干的一切工作，都是那么的有意义。

等邱少云把两首歌曲全部哼唱完毕，指导员给他鼓了掌，夸奖道："唱得很好，很有激情。作为革命战士，这两首歌就应该真正成为我们的灵魂，时时刻刻都不要忘记用它们来指导我们和约束自己的行动。"

"是，指导员，我一定努力按照歌词里所要求的去做，争取做一名真正合格的解放军战士！"

"好，我相信你会成为一位杰出的人民军人！"

指导员接着说："歌词中有这么一句：我们是一支不可战胜的力量。我们的队伍之所以不可战胜，原因很多，我要强调一点，那就是我们的队伍有铁的纪律。毛主席说，加强纪律性，革命无不胜。我们每个战士，都要自觉遵守纪律，视纪律重于生命，那我们就会无往而不胜！明白了吗？"

邱少云回答："明白，纪律重于生命！"

指导员的话虽然使他很受启发，在真正使这句话扎根在邱少云的心里，却是后来因为后来在他身上所发生的一件事情：

1950 年盛夏时节，四川人民迎来了解放后第一个大丰收，邱少云所在的部队投入了紧张的助民夏收。邱少云干得特别起劲。他熟练地挥动着镰刀，汗水淋淋，一会儿就把别人拉下一大截。老乡们都夸他说："还是土生土长的小伙子会干活儿。"邱少云听了，心里乐滋滋的。

邱少云割了几趟，忽觉得头重脚轻，浑身无力，双手按了按太阳穴。这一举动被后面的李士虎看到了。他伸手在邱少云头上一摸，吃惊地说："哎呀，你发烧了，我去叫卫生员来！"邱少云说："叫卫生员干啥！我又没有病！""没病怎么这么热！"邱少云说："晒的呗！太阳这么毒，谁的脸不热？"

晚饭以后，卫生员找到了邱少云，一量体温，39.2度。第二天一早，大家要干活儿去了，连长把邱少云叫到一边，说："你要好好休息，早点养好病。"又说："实在闷得慌，就把你们班的枪擦一擦吧！"

邱少云因为有病，不能去参加助民夏收劳动，回到班里闷闷不乐地擦起枪来。他把班里其他战士的枪都认真擦完了，刚把自己的枪拆开，天边就响起了雷声，要下雨了。一道道闪电划破了天空，暴风雨马上就要来了。他想，这哪是擦枪的时候，赶紧抓起扁担往地里跑去，枪零件还摆在桌子上。没跑出去多远，倾盆大雨就"哗哗"地下起来了。他才想起没拿雨衣，也顾不上回去取了，抢收稻谷要紧。邱少云被大雨淋得像落汤鸡，和大家一起挑起稻捆。当他挑到第5捆的时候，一件雨衣披在他身上，回头一看，是朱连长。朱连长大声说道："真是乱弹琴！这么大的雨，你的病加重了怎么办？还不赶快回去？"邱少云为了早点把稻谷抢运回去，让乡亲们少受损失，又继续干了起来。

劳动结束以后，班长回到宿舍看见桌子上摆满了枪零件，吃了一惊。他和连长商量了一下就把邱少云找来，说："有件事情我要批评你。你带病参加抢收，这种精神很可贵，也值得大家学习。可是，你烧刚退，雨浇了会受凉，病加重了怎么办？连长让你休息，是为整个革命利益着想。有了好身体，才能多做工作，做好工作。

你应该服从命令好好休息。”班长还说：“你当时急急忙忙走了，枪零件就扔在桌子上，如果有敌情怎么办？一旦来了战斗任务，难道你空着双手上战场，用两个拳头打敌人吗?”从这件事情，邱少云懂得了遵守纪律，服从命令的重要。他向班长认真作了检讨。他说：“班长，我错了。现在我懂得了，作为一个革命军人，最重要的就是要服从命令听指挥，坚决遵守革命纪律，这样才能保证整体的胜利。”

和所有青年人的进步一样，都有一个由被动接受和自觉遵守的过程。邱少云在一位普通青年向合格军人的转变中，又迈出了实质性的一步。

学习和提高

邱少云从小受苦，上不起学。有一次，他上山去挖野菜，背着背篓路过学校，听到琅琅的念书声，就好奇地停下来。这时，地主正好走到这里，看到邱少云，就恶声恶气地说："你站在这儿干什么？笨头笨脑的，还想念书?"邱少云多么想念书啊！他甚至不止一次地梦到家乡那个流传多年的"张三丰免费让孩子读书"的故事。

到了部队，邱少云有了学文化的机会。部队到了沱江以后，开展了学文化运动。

邱少云学文化非常认真、刻苦。午休时间，他的床铺总是空的，晚饭后，大家都在游戏，他不参加。本来，他最喜欢游泳，可是，大热的天，他却很少去游泳，甚至，连洗澡也不洗了，总是抓紧时间学习。

一天晚饭后，连长发现在沱江边洗澡的战士里又没有邱少云的身影，就到文化室去找，也没有。连长忽然想起，邱少云喜欢到伙房后面的一棵大树下看书。果然，邱少云正坐在大树下看书。只见他衬衫已被汗水湿透，脸上的汗珠已成了小溪。连长走过去轻声地问道："少云同志，躲在这儿干什么呢?"邱少云吓了一跳，忙放下书本站起来。连长装作生气的样子说："躲到这儿以为我找不到?跟你说过多少遍，现在天气很热，要勤洗澡，休息休息。"邱少云说："连长，我不累。"连长还不放过他，说："看你眼睛都熬红了，还说不累。学文化当然要抓紧，可也不能不顾身体啊！身体是革命的本钱，还要注意休息。"说着，连长要动手帮他收拾东西。邱少云按住连长的手，恳求道："连长！你就叫我多学习会儿吧！我人笨，基础又差，再不抓紧点怎么行呢?"连长被感动了，问邱少云："你为什么要这样刻苦学文化呢?"邱少云回答："为了更好地学习马克思主义、毛泽东思想，更好地建设新生活。"连长听了很高兴，说："你说得很好，好好学吧!"

在全连大会上，连长表扬了邱少云刻苦学习的事迹。

邱少云参军以后，恨不得马上上战场，狠狠地消灭敌人。可是，没有本领不行，所以，他决心苦练杀敌本领，做一个好战士。

邱少云全身心投入了军事训练。除了参加班、排集中训练，业余时间抓得也很紧，一有空就跑到操场上去。练习瞄准，一练就几十分钟。他的射击、刺杀、爆破成绩都不错，就是投弹成绩不行，一直超不过 50 米大关。

一天，邱少云下了岗，天已快亮了。他想，自己的投弹成绩老上不去，现在离起床时间还早，何不去练一会儿呢?于是，便拿起一根草绳和 3 个教练弹，来到了练兵场。他把草绳的一头拴在一棵大树上，另一头拴了个教练弹，用力甩开臂膀练了起来。

这一切，被同班战士李士虎看到了。李士虎正在练习射击，不知邱少云在干什么，跑过去问邱少云："少云，你在干什么?""练臂力。""这个法子行吗?""能行！小李，你来试试看。"小李试了几下，觉得挺好，就跑回去找绳子了。原来，他的投弹成绩也不太好，也想好好练练。

邱少云一口气练了两百下，军衣被汗水湿透了。草绳断了，结个疙瘩接着练，又断了，再接上，直到全是疙瘩没法用了，再找一根新的练。这样练了好几天，邱少云觉得自己的臂力差不多了，就把三班长请来帮他练掷远。

班长站在一旁，细心观察邱少云的每一个动作，只见他急步跨进投掷线内，按照投掷要领，右手攥着弹把，眼睛盯着靶心，吸足一口气，猛地向前冲刺几步，然后侧身弓步抡臂一挥，把手榴弹投了出去。可是，仍然只投了 45 米，邱少云有点灰心。班长对他说："你的动作要领掌握得不错，就是扣手腕的时机不熟练，不要灰心。"说着，班长亲自给他做了示范，邱少云按班长的指点，又反复进行练习。不久，进行投弹的测验，战士一个接一个地投掷。该邱少云投了，班长小声鼓励他："别紧张，注意扣手腕!"邱少云接着投了 3 次，拾弹员开始报告邱少云的投弹成绩，结果是：第一颗 52. 5 米，第二颗 53 米，第三颗 55 米整。顿时，投弹场上响起了一片掌声，战友们都伸出大拇指说："不简单，不简单!"邱少云脸红红的，心里想：我能取得这样的成绩，是和战友们的帮助分不开的。通过学习，使邱少云增长了知识，扩大了视野；也越来越明白了人民军队的性质，他把毛主席在《为人民服务》这篇文章中"我们的共产党和共产党所领导的八路军、新四军，是革命的队伍。我们这个队伍完全是为了解放人民的，是彻底的为人民的利益工作的"的这段话，不光工工整整地抄写在笔记本上，而且更把他牢牢地记在心里。

他经常对照这段话检查自己的思想和工作，为人民群众办了数不清的好事，同时也受到了人民群众的关心和爱戴。和当地群众结下了深厚的友谊。

在剿匪的这段日子里，爬山越岭，风吹雨淋；摸爬滚打，蚊虫叮咬，邱少云的背上生了疮，但是为了不让小分队的工作受影响，他一直默默地忍受着疾病的折磨。

这天到达宿营地已是黄昏，邱少云抓紧时间到河边洗衣服。背上的疮钻心地疼，他看看四周没有战友，泄露不了背上的“机密”，一咬牙把衣服脱了下来。看衣服，脓血染了一片。

水很凉，邱少云蹲下，在河边石头上搓洗。正搓着，他觉得背上生疮的地方凉丝丝的，好像贴上了一层什么东西。回头一看，阿福正对他微笑。

“哎呀，是你呀！”邱少云高兴极了。

“不疼了吧？十天就好。”

“你怎么知道我生疮了？”

“这还用问，是一个非常简单的事情，中医看病的四步诊法望、闻、问、切；第一步的望字不就是看吗？这些天我早就从你的表现里看出来了。还有，你再掩饰，那生疮的地方还是要露出浸润的痕迹的。”

“噢，原来是这样！”邱少云想：当一名合格的军人也应该是这样，对敌情要不放过任何蛛丝马迹；对自己的意图要隐蔽的干净彻底。这样才能保证在各种环境下都能保证完成上级交给自己的任务。

邱少云善于从平常的事情中发现规律性的东西，这也是促使他快速成长的重要因素。

“谢谢你，你不光帮我治了病，还帮我学习到了一个重要的道理！”

阿福自然不知道邱少云话里更深层的东西，对邱少云的感谢反而感到不好意思起来。

“你逮住了秃鹰，替我报了仇，我要找你说几句话，可是你东奔西跑，我找不到你。等我找到你，才发现你背上生了疮，脓血都渗到衣服上了。看来你和我一样，什么样的苦都吃过。我想，不能空手见恩人，你也不会要我给你钓几只龟，你们有纪律，给你送的药你不会不接。”

“看你，说到哪去了，我怎么能当你的恩人，没有你向我们大部队报告匪情，我们两次被土匪包围，一定会受到很大损失。要说恩人，你才是我们的恩人呢。”

“我的父亲是秃鹰杀害的，你把他捉住了，你不是恩人，谁是？我和弟弟和他拼命同归于尽的心都有，你替我兄弟俩报了仇。秃鹰杀的人多了，你是黑风口乡亲们的大恩人。”

原来阿福的家就在大山里边的树杈村，自幼母亲因穷病而死，兄弟俩跟着长大成人。爷儿仨相依为命，靠得是在山中钓龟、打野物为生。因此，爷儿仨都练出了穿山越岭如履平地、甩手打枪百发百中的本领。前些时山里的土匪为了扩充实力，到处招兵买马，他们当然不会忘了这爷仨的绝技，所以都想把他们拉进自己的帮里。可是，这爷仨都是本分的山里人，硬邦邦的汉子。不论谁来拉他们入伙，他们就是一句话：宁愿站着受穷，不愿弯着腰享福！

得罪了别的土匪还好说，可是秃鹰这家伙不行，他经常以三国时的曹操自诩，信奉：“宁要天下人负我，我不负天下人”的信条。

“不跟我干，就得除！”经过几次碰钉子，秃鹰终于起了歹心，凑个风急月黑之夜，六支长枪堵住了阿福他们的房门。把他们按倒在地捆了个结结实实。然后用毛巾把嘴一塞，装进了事先预备好的麻袋，扔进了湍急的河流。后来，阿福和弟弟被人救起，可他的爹爹却从此离开了人世。

“原来是这样！”虽然在兵荒马乱的世道，这样的事情并不鲜见，可是邱少云联想起父亲的惨死，心里便有了同病相怜的悲情。于是他对阿福说：

“我是战士，捉秃鹰是我的任务，应该的。咱不说这个了，我问你，你为什么不参军？我们首长老提到你，对你可重视了。”

对这样的阶级兄弟，他觉得自己有义务帮他进步，找到更能发挥他聪明才智的地方。可是，人真是一种奇怪的动物，谁又能知道他心里怎么想的那？

“上次我不是对你说过吗？我野惯了。”

“不，我觉得不是。我们俩都是吃过大苦的人，都有杀父之仇，都知道只有共产党、解放军和我们是一条心，都知道要靠共产党、解放军替我们，替许许多多苦大仇深的乡亲们报仇。这一段剿匪，我认识得更清楚了，没有解放军这样一支人民军队，我们穷人还得过从前那种苦日子，那些匪徒时时刻刻都想杀我们这些翻了身的穷人。他们所到之处，在他们盘踞的地方，制造了一个又一个血案。现在，要报仇的穷人要参军；报了仇的穷人也要参军。究竟是什么原因使你不愿意参军呢？”

“我真的是野惯了，大军的纪律太严了。”

“难道乡亲们不喜欢我们军纪严明吗？”

“不，乡亲们欢迎，喜欢。我们的大军，了不起的地方就是军纪严明，什么军队也比不上。”

“那军纪严明不是应该的事情吗？”

“应该，可太严格了，我不习惯。”

“纪律非常重要，每个战士都要自觉遵守，我们能不能胜利，和纪律严不严很有关系。你知道秃鹰是怎么从大部队逃跑的吗？是我们的看守战士违反了纪律；擅离岗位。你看给我们造成了多大的损失，牺牲了我们多少战士。假如我们的战士遵守纪律，坚守岗位，秃鹰跑不了，我们那些战友也不会牺牲。我想，认识到这一点，就会自觉地遵守纪律，不会觉得纪律太严，受不了了。遵守纪律是一个战士的职责。参军前，我和你一样，你要参军了，一定会和我一样，不会感到对纪律不习惯的。”

“你唱的歌，我听了。三大纪律的第一条就是一切行动听指挥，我成天打猎、钓龟，野惯了，一切行动都听指挥，对我来说太难了。”

“那歌的后面还有两句,步调一致才能得胜利。为了胜利,必须一切行动听指挥,这可是头等重要的大事。在这一条上,纪律可比生命还重要,必须听指挥。攻,就一定要攻上去,牺牲了生命也要攻上去;守,就一定要死死守住,牺牲了生命也要守住,这样我们才能打胜仗。为了胜利,我们什么都可以牺牲,这一条对每个战士是非常自然的事,不会感到不习惯的。这段剿匪,我按照首长的命令,进攻过也防守过,我觉得严格的纪律非常必要,不这样就不能剿灭土匪。我不觉得不习惯,你也不会觉得不习惯的。你要真的是怕纪律太严,我看你的担心是多余的,参军后你就习惯了。道理我说不上来,我们指导员几句话就能让你心里亮堂堂的。你是不是有别的原因。”

“我还有一个弟弟。妈妈死的时候,一要我报仇,二要我把弟弟拉扯大。”

阿福的这句话,使邱少云想起了自己,他说:“咱俩一样,我也有个弟弟。现在情况不一样了,穷人当家做主了,清匪反霸之后,下一步就是土地改革,斗地主分田地。你参军,农会会很好地照顾你弟弟的。”

邱少云有生以来,第一次说了这么多话,他觉得阿福有一千个理由参军,没有一个理由不参军,参军是他最好的选择。

他接着说:“快参军吧,部队对咱俩这样的人,是真正的家。首长、战友们,就像亲兄弟。走到哪,乡亲们都拿我们当亲人。到了部队,长见识特别快,你看我才参军几天呀,就知道全四川的剿匪情况,就知道全中国解放战争的进展,还知道全世界发生了什么大事。指导员不但给我们讲中国革命,还讲世界革命;不但讲共产主义,还讲国际主义。看,我光顾自己说了,你除了弟弟要照顾,还有别的原因吗?”

阿福突然不好意思起来,邱少云觉得奇怪。

阿福说:“是这样,有个妹子,要我娶她,我……”

邱少云明白了。

阿福又给了邱少云一些治疮的药，说："我忘不了你，忘不了你今天说的话。"

邱少云有些惋惜，说："要是指导员在这儿就好了，你是不是去见见他，他常念叨你。"

"替我谢他的大恩大德，黑风口的乡亲们都说你们是菩萨兵，救苦救难。"

阿福告别了。望着渐渐远去的阿福，邱少云心中涌出一股难舍难分之情。

阿福变成了慢慢移动的黑影，一个美丽的身影向他走去，邱少云知道，那是阿福要娶的姑娘。

阿福走了，越走越远。

从此，邱少云再没见到阿福兄弟，但阿福的兄弟在黑风口帮助部队剿匪的情景却经常浮现在他面前。

人的思想行为千差万别，这就是造成伟大和平凡的基础吧！

这一夜，邱少云想了很多。人总是要对自己的一生有个设计。阿福要怎样度过自己的一生，已经很清楚了：他要的是和谐、平稳、安宁、幸福。可是，这一切显然不是邱少云要追求的。

他要怎样度过自己的一生呢？

抗美援朝

参军之后的部队生活和战斗实践，使邱少云思维活跃、视野开阔了。他觉得自己进入了一个完全崭新的世界，上有和蔼可亲的领导，身边有热心热肠，同甘共苦的战友。在这里，他的人格得到了充分的尊重，他的能量得到了极大的发挥，他觉得自己每天都是在干着有意义的事情。为此，他整日热情洋溢投身于身边火热的生活、战斗、工作、学习。在老同志口中，他听到了很多激励自己不断进步的英雄故事，在指导员的口中，他懂得了什么叫为人民服务，也使他明白了一个革命战士应该怎样有意义地度过自己的一生。

在剿匪最激烈的时候，在全国解放就在眼前的时候，在中原有些部队已经转入经济建设的时候，我军在部队中进行了军队永远是战斗队的教育。邱少云觉得这就是自己如何度过一生的答案，军队永远是战斗队，自己永远是战士。

邱少云把自己的想法向指导员作了汇报，得到了指导员的充分肯定。

1950 年 6 月 25 日，朝鲜内战爆发。美国即采取武装干涉政策。6 月 27 日，美国总统杜鲁门声明，宣布出兵朝鲜，并命令美国海军第七舰队侵入台湾海峡。同日，联合国安理会在美、英等国的操纵下通过决议，联合国会员国要派兵随从美国军队入朝。6月28日，毛泽东发表讲话，号召“全国和全世界的人民团结起来，进行充分的准备，打败美帝国主义的任何挑衅。”同日，周恩来代表中国政府发表声明，强烈谴责美国干涉亚洲事务的罪行。号召“全世界一切爱好和平正义和自由的人们，尤其是东方各个被压迫民族和人民，一致奋起，制止美国帝国主义在东方的新侵略。”

1950年9月15日，以美国为首的“联合国军”7.5万人在朝鲜西海岸的仁川港登陆。此后，朝鲜人民军腹背受敌，损失严重，转入战略退却。10月1日，美伪军越过三八线，随后侵占平壤，并继续向中朝边境的鸭绿江进犯。从8月27日起，美国飞机多次侵入中国领空进行侦察和轰炸扫射。面对这种形势，中共中央作出了抗美援朝、保家卫国的决策。

有评论说：“这是毛泽东一生中作出的最重大也是最艰难的决策之一。

五十多年前，中国人民志愿军跨过了鸭绿江。这就像一个轻量级拳手跃上拳坛，去挑战一个重量级拳手一样。中国人民志愿军面前只有两个结果：要么被对手打趴下，要么自己也变成重量级拳手。

三年的战争，千百万中国青年的热血，为古老的中华民族跻身于世界强国之林，铸造了一个起跳点；而毛泽东果敢的战略决策，实现了新中国这惊人的一跃。

因为毛泽东主席了解自己的祖国，了解自己的人民，了解自己的战士不畏强暴、敢打硬拼的革命英雄主义精神。

面对强权政治，军队沸腾了，全军上下，同仇敌忾，一致声讨美帝国主义的侵略行径。

邱少云和战友们手握钢枪，严阵以待，准备随时听从祖国的召唤。

1950 年 10 月 8 日，毛泽东代表中央军委命令中国人民志愿军赴朝参战。

1950 年 10 月 26 日，中国人民保卫世界和平反对美国侵略委员会（简称中国人民抗美援朝总会）成立。各行政区、省市先后成立分会或将原有的保卫世界和平委员会、反对美国侵略委员会合并改组为抗美援朝分会。11 月 4 日，中国共产党和各民主党派联合发表宣言，“誓以全力拥护全国人民的正义要求，拥护全国人民在志愿基础上为着抗美援朝保家卫国的神圣任务而奋斗。”4 日至 11 日，全国自然科学联合会、全国科普协会、社会科学研究会、全国妇联、全国青联等人民团体分别发表宣言，拥护中共中央和各民主党派的联合宣言，号召广大群众积极参加抗美援朝、保家卫国运动。11 月 27 日，全国政协与各民主党派举行联席会议，于 12 月 1 日发出《关于各民主党派、人民团体对慰劳中国人民志愿军和朝鲜人民军运动的协议的通知》。12 月 22 日，中央人民政府内务部、人民革命军事委员会总政治部联合发出《关于开展新年拥政爱民拥军优属运动的指示》。全国政协发出电文，号召把抗美援朝运动“进一步地普及和深入到每一农村、每一机关、每一学校、每一工厂、每一商店、每一街道和每一民族聚居的区域。”3 月 14 日，抗美援朝总会发出通告，“努力普及深入抗美援朝的实际工作和宣传教育工作，务使全国每一处每一人都受到这个爱国教育，都能积极参加这个爱国行动。”此后，抗美援朝运动进入了更加普及和深入发展的阶段。于是部队中广泛地进行了无产阶级革命从来就是互相支持的国际主义教育。

中国人不怕邪，不怕美帝国主义军事上的优势，不怕他手中已握有能毁灭掉人类的原子弹。

一个人要活得骨气，一个民族要有天塌地陷不弯腰的脊梁。

黄河在怒吼，长江在奔腾；六亿人的齐声呐喊，在全世界掀起了狂飙。它以摧枯拉朽之势，蔑视强权；正义的声讨，愤怒的揭露，使美帝国主义很快现出了“纸老虎”的原形。以至于连美国“联合国军”总司令麦克阿瑟事后也不得不承认“这是一场在错误的时间、错误的地点和错误的敌人所进行的一场错误的战争！”

美国原陆军上将马修邦克·李奇微在他所著的《朝鲜战争》一书的序言中道：“朝鲜战争标志着‘美洲堡垒’时代在美国的终结，同时也标志着一个新时代的开始。”……

应该承认这些军事家的坦诚，他说：“……然而，还有许多问题在整个战争过程中以及战后很长一个时期内使我国人民困惑不解。为什么竟在没有任何预警的情况下就突然爆发了如此重大的冲突？是我们的决策人物无能，还是我们的情报力量不足？我们是不是中了蒋介石企图进犯大陆中国，或者李承晚企图以武力统一朝鲜的圈套？为什么战争爆发时我们的战备状况如此之差？还有，只是由于一位勇敢的总统——唯有他拥有决策权，迅速作出决定，我们才得以挽回在自由世界面前的信誉，我们是怎么落入这步田地的……”

是啊！几乎被现代化装备武装到牙齿的“联合国军”，拥有海、陆、空绝对优势的军事力量，怎么就会被穿着旧棉袄，扛着才从“国军”、“日本鬼子”手中缴获来的步枪的中国人民志愿军给打败了呢？这自然应是世界军事史上的奇迹。但是他们要是能亲眼看到我们战士对投入这场战争的热情，或许多少会找到些答案的。

邱少云和他的战友们纷纷写请战书，争取早日投入抗美援朝的战场。

声讨会上，他们热血沸腾；训练场上，他们生龙活虎。

中国人刚刚摆脱战争的苦难，成千上万死难者身上的鲜血还没有凝固。

他们同情朝鲜人民遭受的蹂躏，他们不希望战争的烈焰再次烧到自己的家园。

可是，利令智昏的侵略者竟忽视了数亿人正义的诉求；甚至忘记了一个泱泱大国的存在。

由美国操纵的“联合国军”入侵朝鲜后，不顾中国政府的一再警告，于1950年10月初，以10个师1个旅、1个空降团共13万余人的兵力，在其总司令麦克阿瑟指挥下，越过三八线。19日占领平壤，并继续向中朝边境大举进犯，企图于感恩节（时年为11月23日）以前占领全朝鲜。

美“联合国军”气势汹汹，不可一世，大有横扫千军如入无人之境的态势。

这期间，邱少云所在部队根据局势的发展进行了国际国内形势的教育，使大家更加认清了美帝国主义企图以朝鲜为跳板，进而侵略中国的狼子野心。在讨论中指导员给大家讲道：“中国和朝鲜是唇齿相依、一衣带水的邻邦。自古以来都是血浓于水的关系。我们中国的抗日战争也得到了朝鲜人民的大力支持，特别是在东北战场上，他们和东北抗日联军一起抛头颅、洒热血，荣辱与共，为抗日战争的胜利写下了可歌可泣的壮丽篇章……”

在指导员的讲话中，邱少云不光知道了很多中朝两国人民并肩战斗的故事，而且还知道了朝鲜人民的伟大领袖金日成将军当年就在中国东北参加抗日。

邱少云在讨论发言中说：“为了支持中国的抗日战争，朝鲜烈士把鲜血洒在我们祖国的土地上，如今，侵略者又把战火烧到了朝鲜，我们也同样有义务和朝鲜人民并肩战斗，直到把美帝国主义赶出朝鲜去。”

这个时候，全军上下同仇敌忾，反美仇美的情绪空前高涨。

党中央和广大的战士的心是相通的。

听到中央下达了参战的命令，邱少云和他的战友们非常兴奋，他们紧张有序的做好随时参战的准备，整装待发。

10 月 19 日晚，中国人民志愿军在司令员兼政治委员彭德怀率领下，开始秘密渡过鸭绿江，夜行昼伏，开赴朝鲜前线。原定计划是进至龟城、德川、五老里一线构筑阵地，组织防御，先站稳脚跟，尔后再组织反攻。这时，侵朝美军仍判断中国不会出兵朝鲜，继续在东西两线，各自分兵多路向中朝边境冒进，其前锋已进至或迫近志愿军的预定防御线。志愿军立即决定：改变原定作战计划，继续隐蔽开进，采取在运动中各个歼灭敌人的作战方针，以突然动作，歼灭冒进之敌，粉碎敌人进攻。其基本部署是：集中主力 5 个军另 1 个师于西线，寻机先打韩国军，后打孤立之美、英军，另以 2 个师于东线黄草岭、赴战岭地区组织防御，在朝鲜人民军的配合下，保障西线主力翼侧安全。10 月 25 日，西线各路“联合国军”先后进至博川、云山、熙川一线，先头部队已占领古场洞并继续向鸭绿江边之楚山前进。志愿军一部进至温井西北两水洞地区，发现北犯之韩国军第 6 师的先头部队，随即以伏击战法歼其 1 个营和 1 个炮兵中队，当夜又攻占温井，从此揭开了抗美援朝战争的序幕。

10 月 26 日，“联合国军”继续分路北犯。韩国军第 6 师第 7 团一部进占鸭绿江边之楚山，并炮击中国边境，28 日撤回古场洞。29 日，志愿军在古场洞地区歼灭韩国军 1 个团的大部，在温井以东龟头洞地区歼灭韩国军 4 个营的大部，同时对进至云山之敌构成了三面包围，并占领了熙川。这时，“联合国军”虽发现中国人民志愿军入朝，但认为是“象征性的出兵”，仍未放弃其进攻企图，一面调整部署，一面继续北进。根据上述情况，志愿军决心以 1 个军由熙川沿清川江实施战役迂回；正面各军向北犯之“联合国军”发起攻击。11 月 1 日，志愿军对进至云山地区之美骑兵第 1 师、韩国军第 1 师各 1 个团发起进攻，激战至 2 日，攻克云山，歼其大部。此时，志愿军由熙川实施战役迂回的 1 个军在打破敌人拦阻以后，已进至院里地区，对“联合国军”翼侧构成严重威胁。西线“联合国军”被迫于3日开始全线撤退。志愿军各部乘胜追击，扩大战果。“联合国军”被迫全部撤退至清川江南岸和德川、宁远以南地区暂时转入防御。志愿军遂于5日停止进攻，结束第一次战役。

志愿军在东线的2个师和朝鲜人民军一部，在黄草岭、赴战岭地区阻击韩国军首都师、第3师和美军陆战第1师的猛烈进攻，有力地配合了西线的作战。

这次战役，中国人民志愿军与朝鲜人民军英勇奋战，共歼灭“联合国军”1.5万余人，粉碎了“联合国军”感恩节以前占领全朝鲜的企图，并将其从鸭绿江边赶到清川江以南，获得初战胜利，从而初步稳定了朝鲜战局，取得了以劣势装备战胜优势装备的“联合国军”的经验，增强了胜利的信心，为之后作战创造了有利条件。1950年11月7日—12月24日，中国人民志愿军在朝鲜人民军配合下在朝鲜北部地区，对以美国为首的“联合国军”进行的反击战，是抗美援朝战争第二次战役。此役是在第一次战役胜利的基础上进行的，中国人民志愿军针对当时战场的实际情况和“联合国军”多国部队的心理状况，采取诱敌深入，集中兵力，各个歼敌的方针，经过一个月的奋战，共歼“联合国军”3.6万余人（其中美军2.4万余人），收复了三八线以北除襄阳以外的全部敌占地区，并解放了三八线以南的延安、瓮津两半岛，迫敌退到三八线以南转入防御，沉重地打击了敌人的气焰，初步扭转了朝鲜半岛的战局。

“联合国军”遭到中朝人民军队第一次战役的打击，被迫撤退到清川江以南后，虽已发觉中国人民志愿军参战，但认为志愿军参战兵力不过六七万人，“不是一个不可辱的势力”。于是，当志愿军停止战役进攻之后，即迅速调整部署，集中5个军20余万人的兵力，从东西两线发动新的进攻，企图迅速歼灭中朝人民军队，占领全朝鲜。其部署是：西线，美第8集团军指挥8个师（含韩国军4

个师）3 个旅另 1 个团的兵力，向朔州、碧潼方向实施主要进攻；东线，美第 10 军指挥 5 个师（含韩国军 2 个师）的兵力，以江界为主要目标，分别向江界、惠山镇及图们江进攻。

中国人民志愿军决心利用美军恃强骄傲情绪，采取“诱敌深入、寻机各个歼敌”的方针，将敌诱至预定战场，尔后突然发起反击，在运动中歼灭敌军，粉碎敌军进攻，将战线推进至平壤、元山地区。战役部署是：西线，集中主力 6 个军 18 个师向敌军主要集团实施反击，首先以 2 个军从敌右翼侧薄弱部打开战役缺口，尔后实施战役迂回，断敌退路，配合正面 4 个军从运动中各个歼敌；东线，以新入朝参战的第 9 兵团 3 个军于长津湖地区，在运动中分割歼灭进犯之敌。

1950 年 11 月 6 日，“联合国军”开始以一部兵力进行试探性进攻。志愿军故意示弱，按照预定计划节节抗击，逐步地向预定战场转移。“联合国军”以为志愿军的逐步后撤是“怯战败走”，于是，从 24 日开始在全线发起所谓“圣诞节结束朝鲜战争的总攻势”，大举向北进攻。25 日，其西线部队进至定州、泰川、云山、新兴洞、丰田里（宁远北）一线；东线部队进至长津湖地区之柳潭里、新兴里地区以及鸭绿江边之惠山镇。兵力愈加分散，侧翼明显暴露。志愿军趁敌立足未稳，西线于 25 日黄昏，东线于 27 日黄昏先后发起反击。

西线，中国人民志愿军经一昼夜激战，位于左翼的 2 个军将德川、宁远地区的韩国军第 7 和第 8 两师大部歼灭，打开了战役缺口，随即分向价川和顺川、肃川方向实施战役迂回。正面各军则分向博川、宁边、价川方向勇猛突击。此时，“联合国军”为堵住其被打开的战役缺口，迅速以位于顺川的美军骑兵第 1 师和位于价川的土耳其旅，分别向新仓里和德川方向增援。28 日晨，志愿军向价川以南实施战役迂回的 1 个师，以 14 个小时前进 70 余公里的速度，按时到达三所里并随即以一部兵力占领龙源里，切断了美军从价川向南逃跑的退路，从而动摇了“联合国军”的整个部署，志愿军正面部队抓住这一战机，乘势向安州、价川方向迅猛攻击。29 日，“联合国军”为摆脱危局，被迫开始全线撤退，同时急令美骑兵第 1 师及英第 29 旅各一部由顺川向北猛攻三所里地区，企图打开美第 9 军逃跑的道路。位于三所里、龙源里的志愿军 1 个师在敌人南北夹击情况下，顽强战斗，守住了阵地。志愿军部队随即在价川、龙源里、三所里地区展开追堵围歼战，给予美军第 2 师、土耳其旅以歼灭性打击，并重创美军第25 师和骑兵第 1 师。12 月 1 日美军第 9 军被迫丢掉辎重装备向安州方向撤退。3 日西线“联合国军”向三八线实行总退却。中朝人民军队于 12 月 6 日收复平壤，并以一部继续向三八线推进。

东线，中国人民志愿军于 11 月 27 日黄昏开始反击，当夜即完成对新兴界、柳潭里、下碣隅里地区的美军陆战第 1 师及第 7 师部队的分割包围，并占领下碣隅里以南之富盛里，切断了古土里以南美军与被围之敌的联系。28 日起，“联合国军”为打通联系，摆脱不利态势，在大量飞机、坦克支援下，进行了持续数日的接援与突围。志愿军分别在柳潭里以南之死鹰岭地区和下碣隅里以南富盛里地区，与“联合国军”展开激战，并歼灭了由古土里北援之美英军约 1000 人。12 月 1 日，新兴里之美军第 7 师第 31 团、第 32 团的 1 个营及师属炮兵营除少许人员逃脱外，其余全部被歼。东线“联合国军”开始动摇，被围于柳潭里之美军陆战第 1 师主力在大量飞机及坦克支援下，集中全力进行突围，战至 12 月 3 日，一部被歼，大部逃离，6 日，退集于下碣隅里地区的美军陆战第 1 师主力和第 7 师一部，在大量飞机、坦克掩护下开始突围。志愿军进行了阻击和追击。12 日，美军突围部队在美军第 3 师接援下，逃至五老里。志愿军和朝鲜人民军各一部继续尾追，17 日占领咸兴，24 日收复兴南。此时活动于敌后的朝鲜人民军已收复元山，“联合国军”被迫从海上撤退。至此，战役全部结束。

在战役过程中，中国人民志愿军和朝鲜人民军联合组成的游击支队渗透到敌后，会同在敌后作战的朝鲜人民军一部，主动配合正面战场作战，对战役的胜利起了积极作用。

此役，中国人民志愿军在朝鲜人民军配合下，冒着严寒，奋战40余天，歼灭“联合国军”3.6万余人，收复了三八线以北的广大地区（除襄阳），解放了三八线以南之瓮津半岛和延安半岛，并迫使“联合国军”转入防御，从而扭转了朝鲜战局。1950年12月31日至1951年1月8日，中国人民志愿军和朝鲜人民军对占领朝鲜三八线阵地的以美国为首的“联合国军”实施的进攻战役，是抗美援朝战争的第三次战役。经七昼夜的连续进攻，歼敌1.9万余人，挺进80至110公里，前出到三七线附近，解放了汉城，粉碎了美国及仆从国在联合国玩弄的“停战”阴谋及守住三八线，争取时间准备再次北犯的企图。进一步扩大了新中国在国际上的影响，加深了敌人内部的矛盾。

1950年12月，“联合国军”在中朝人民军队的打击下，被迫撤至三八线附近地区后，积极调整部署，企图利用既设阵地进行防御，以争取时间重整军队，再大举北犯。其用于防御的兵力，共13个师另3个旅约20余万人，由美军第8集团军司令官M.B.李奇微指挥，成两个梯队展开，第1梯队为韩国军8个师和土耳其旅，其余部队为第2梯队和预备队。防御重点为议政府和汉城地区。

中朝人民军队为了不予“联合国军”以喘息之机，决心集中9个军（军团）27个师和2个炮兵师，共31万余人，立即发起第三次战役，突破三八线，并歼敌一部。

1950年12月31日，中朝人民军队利用除夕之夜，经过短促炮火准备后，全线发起进攻，迅速突破了“联合国军”的防线。志愿军右集团4个军和在其右翼的人民军1个军团，在东场里、高浪浦里至永平地段突破“联合国军”防御后，即向汉城方向实施主要突击，至1951年1月2日拂晓，突入其防御纵深达15－20公里。志愿军左集团2个军，在永平至马坪里地段突破“联合国军”防御后，先后占领加平、春川。在东部战线实施进攻的人民军2个军团各一部，于战役发起前先行越过三八线，战役发起后，主力乘势继续向洪川、横城、原州方向发展进攻，有力地配合了主要方向的作战。

“联合国军”在遭到沉重打击后，于1月2日开始放弃议政府、加平、春川第二道防线，节节后撤。中朝人民军队乘胜扩张战果。1月3日在高阳、议政府以西地区歼灭英第29旅皇家奥斯特来复枪团第1营、英第8骑兵（坦克）团直属中队，1月4日在议政府以南水落山歼灭美军一部，并解放汉城，5日渡过汉江。至8日，占领了水原、利川、骊州、原州一线。此时，“联合国军”已撤至三七线南北之平泽、安城、堤川、三陟之线。中朝人民军队察觉敌人节节撤退是企图诱我深入，待机反扑，为避免陷于不利地位，遂于1月8日停止追击，战役即告结束。

此次战役，中朝人民军队连续作战7昼夜，前进80～110公里，歼敌1.9万余人，解放汉城，粉碎了“联合国军”固守三八线既设阵地、整顿败局、准备再犯的企图，进一步加深了敌人内部的矛盾及失败情绪，扩大了中朝两国人民和军队在国际上的政治影响。

在此期间，不断飞速传来的捷报使邱少云激动万分，当我中国人民志愿军旗开得胜，首战全歼美军骑兵第一师的时候，邱少云和他的战友们高兴的彻夜狂欢。

当第二战役打响，三十八军战果辉煌，打出了威风，号称“万岁军”，普天之下争相传颂他们的战绩，一时，三十八军成了最可爱的人的时候，邱少云和战友们急切地盼着出发命令，连长和指导员一天到营部跑几次请求战斗任务。

他们都在着急，惟恐失去了为国为民，为尽国际主义义务立功建业的时机。

有一回，邱少云悄悄地对指导员道：“指导员，人家三十八军都成了万岁军了，咱们军什么时候出动呀？”

指导员耐心地回答说：“小邱你放心，彭老总知道咱十五军是能打硬仗的队伍，他不会忘了咱们军的，我看这阵势，会很快的。”

12 月 6 日，平壤解放！

1951 年 1 月 4 日汉城解放！

邱少云和战友们再次去找指导员请战，指导员很了解这些生龙活虎的战士的心情。其实，他又何尝不急。但是他既要安定他们的情绪，又要保持他们的战斗激情，他笑着说：“别急，平壤、汉城解放，朝鲜战争也是刚刚开始，朝鲜战争是持久战，我们十五军有的是仗打。”

这是一个激情勃发的时代。

邱少云在请战书中写道：“美帝国主义妄想把中朝两国得到翻身的人民再推进苦海，我们绝不答应。批准我吧，我要坚决响应毛主席的号召，参加中国人民志愿军，到朝鲜去消灭强盗，保卫革命的胜利果实，保卫世界和平。”

作为后续部队，1951 年 3 月 25 日，邱少云所在部队十五军奉命入朝。

兵贵神速，按照命令，十五军出发了。疾驰的军车装载着邱少云和他的战友们飞速的前进中，穿越崇山峻岭，掠过长江、黄河。风在呼啸，血在沸腾。

“千里赴戎急，关山度若飞”。这是和时间赛跑，这是和耐力挑战。邱少云只觉得山川河流城市农村在向后飞跑。困了就睡，饿了就吃，暗闷的车厢里，几乎是模糊了昼夜的概念，只有溫差使这些从南方来的战士感到越来越有了些凉意。气温越来越低，超常的行进速度使他们还没来得及适应北方的低温，邱少云和他的战友就从遥远的四川来到了鸭绿江边。

毕竟是大的军事活动，邱少云感觉到这种正规战争气氛和四川剿匪活动是不可同日而语的。这里是全国的人员物资集中点：汽车、坦克、炮车络绎不绝；军队、民兵、群众比肩接踵。鸭绿江大桥两边的炮兵阵地上，高射炮、机关炮层层密布，上空还经常有敌机盘旋……这种紧张的气氛就是一场大战争的氛围，使每个战士都感自己所肩负历史使命的神圣和庄严。

部队集结完毕，稍事休整就要过江了。此时这里就是战场与后方的分界线。后边是相对稳定的祖国，前面就是异国他乡流血的战场。其实，这也应是生与死的连接线，作为战士，也就是成就伟大和平庸的分水岭。过江宣誓开始了：

我们是中国人民志愿军，为了反对美帝国主义的残暴侵略，援助朝鲜兄弟民族的解放战争，保卫中国人民、朝鲜人民和全亚洲人民的利益，我们志愿军开赴朝鲜战场，与朝鲜人民军并肩作战，为消灭共同的敌人；争取共同的胜利而奋斗。我们要在抗美援朝战争中，创造新的历史荣誉，为祖国争光，为毛主席争光！

心中热血沸腾，歌声气壮山河：

“雄赳赳气昂昂跨过鸭绿江，
保和平为祖国就是保家乡。
中国好儿女齐心团结紧，
抗美援朝打败美帝野心狼……”

鸭绿江因为水的颜色而得名，那碧绿的江水，犹如雄鸭脖颈的莹绿，先人们便称其为鸭绿江。在早以前，鸭绿江的古称为马訾水。鸭绿江古称坝水，汉称为訾水，唐朝始称鸭绿江，因其水色青绿、恰如鸭头而得名。鸭绿江发源于吉林省长白山南麓，流经长白、集安、宽甸、丹东等地，向南注入黄海，全长795公里，是中朝两国的界河。鸭绿江流经我国丹东市约300公里。此段江面宽阔，两岸风光秀丽。自古以来都是魅力诱人的地方。可是由于战争，鸭绿江已经面目全非了。江水浑浊，间或飘浮着动物和人的尸体，有名的鸭绿江大桥经常遭受美军飞机的轰炸，已是百孔千疮。为了保证中国人民志愿军的顺利通行，工兵部队和当地群众几乎无时无刻不在付出着牺牲。

在嘹亮的军歌声中，邱少云和战友们跨过了鸭绿江，离开了自己的祖国。

过江了！

这时候，大家的心情是复杂的：有英雄豪迈，有慷慨悲歌，有从容赴死，马革裹尸，建功立业……而最多的却是一种强烈的对祖国的依恋之情：别了，我美丽的祖国，壮丽的山河，生我养我的大地，我的母亲，为了战争的硝烟不涂抹上你湛蓝的碧空，为了强盗炮弹的轰鸣不惊扰人们甜甜的美梦，为了国际主义义务，你的孩子不得不离开你温暖而又博大的怀抱：

“青海长云暗雪山，孤城遥望玉门关。黄沙百战穿金甲，不破楼兰终不还……”

邱少云在心里再一次宣誓“为了胜利，我愿意献出一切！”

过江了！

受难的朝鲜国土满目疮痍展现在他们的面前：山头秃了，绿色没了，弹坑一个挨一个，连成一片；断墙残壁，断断续续，错错落落，看不出是城市还是村落，都一律变成了不堪入目的焦土坟场。

战前的朝鲜半岛“连绵起伏的山峦上生长着成片成片的高大的常青树木。险峻的绝壁从山岭上陡然直下。秋天景色非常迷人。夏日悄然离去，覆盖着茂密的林木的山野变成了金色、黄色和令人陶醉的红色和褐色。蔚蓝色的天空万里无云。朝鲜半岛两边的大海一望无涯，深透明净。”

而目前,这美好的一切都变成了遥远的过去:举国上下陷入巨大的混乱之中,人们在逃亡,可是战火在蔓延,哪里还有一块平静之地。

“难民们背着包袱、扶老携幼，争先恐后地无目的的奔走着。紧抱着婴儿的母亲，背着老人、病人、残疾人的男人，扛着大包袱和推着小型两轮车的人们……没人去扶助那些跌倒的人。在这悲惨的逃难中，谁也没时间去帮助邻居。没有人流泪哭泣，只能听见在走路者的痛苦的喘息声……”美国原陆军上将马修、邦克、李奇微在他的《朝鲜战争》一书中这样的描述着。

中国人民志愿军来了！给灾难深重的朝鲜人民灰暗的心空抹上了一层亮色，给绝望中的人们带来了希望。

人们互相传播着，脸上露出了少有的喜悦。

饱经战火磨难的老人、妇女和孩子眼含热泪望着自己的中国亲人；在心里祝愿他们福大命大，能打一个又一个胜仗。这是他们能早一天把美国佬赶出去，重建美好家园的希望所在呀!

邱少云看着这些饱经战争苦难的老百姓期待的目光，不禁在心里默默宣誓道：“为了胜利，为了朝鲜受苦受难的乡亲，我要勇往直前，奉献出自己的一切!”

过了鸭绿江，部队经过第一战役的战场。这里的战争遗迹告诉邱少云，当时的战斗有多么激烈。

那是中、美两军第一次交锋，从云山撤退的美军遭我伏击后，公路上很快就塞满了被我军击毁的车辆，我军战士无所畏惧，勇猛冲杀，很快取得胜利。横倒竖卧的汽车残架，被击毁的坦克，遍地都是的破烂枪支，炸塌的工事，崩裂的山头乱石……站在这刚刚流过鲜血的战场，邱少云似乎听见当时的战士们喊：“同志们！把敌人拼下去，我们立功的时刻到了！”

这是血与火的战场，不是讲故事红旗一展就取得了胜利那么容易。胜利的每一个部分都是用鲜血凝成的。

在这里邱少云似乎仍能听到当时炮弹的轰鸣声，刺刀的撞击声，枪弹射入肉体的“噗噗”声和我英雄战士们的喊杀声……

指导员说：三十八军指战员决心以鲜血和生命捍卫万岁军这个光荣称号。

邱少云想：我们也要用鲜血和生命创造新的光荣。

邱少云和他的战友们渴望打好入朝第一仗，憋足了劲要打冲锋，决心打得比三十八军还要勇猛，还要漂亮。可是，战场上的事情瞬息万变。他们没有想到，他们即将接受的任务不是进攻而是防御。

钢铁意志

邱少云所在部队接受的任务是到无名高地打阻击。我军的第一、第二、第三战役都进攻，现在为什么要阻击要防御？这是有它的战略考量的：

1951 年 1 月 25 日—4 月 21 日，中国人民志愿军和朝鲜人民军在朝鲜三八线南北地区进行的防御战役，是抗美援朝战争的第四次战役。在第三次战役结束后，以美军为首的“联合国军”利用中朝军队休整之机发起反扑。中朝军队经过 21 天的汉江南岸坚守防御与横城地区的反击作战和 62 天机动防御作战，歼敌“联合国军”多国部队 7. 8 万余人，掩护了中国新入朝部队的开进、集结和展开，为下一次战役的准备赢得了时间，并初步取得了在优势装备之敌进攻面前实施防御作战的经验。

以美国为首的“联合国军”，在中朝人民军队第三次战役的打击下，丢失汉城，败退至三七线附近地区，内部矛盾加剧。为了挽回其失败的影响，缓和内部矛盾，稍事整顿，即乘中朝人民军队转入休整之际，集中 16 个师另 3 个旅、1 个空降团和大量航空兵、炮兵、坦克兵，共 23 万余人，发起新的进攻，企图重占汉城，将中朝人民军队压回到三八线以北地区。这次进攻，由美军第8集团军司令官李奇微统一指挥，采取稳扎稳打、齐头并进的战法，以其主力置于西线向汉城方向实施主要突击，在东线实施辅助突击。

1951年1月15日，“联合国军”以一部兵力开始进行试探性进攻。此时，中朝人民军队主力正在汉城以北之议政府、加平、金化地区休整，志愿军后续兵团尚未入朝。25日，西线“联合国军”以美军为主，集中6个师又3个旅，在大量航空兵、炮兵、坦克的支援下，由水原至骊州地段首先发起进攻。随后，东线“联合国军”于31日以韩国军为主，集中8个师由原州、武陵地段分向砥平里、横城、春川方向发起进攻。为争取时间，掩护后续兵团集结，大量杀伤敌人有生力量，中朝人民军队决定以志愿军1个军和人民军1个军团组成西集团，在西线抗击敌人主要进攻集团；以志愿军4个军组成中央集团，以朝鲜人民军3个军团组成东集团，在东线寻敌弱点，实施反击。

西线，丘陵、平原交错，又时值严冬，江河封冻，便于机械化部队行动，而不便防守。位于该线防御的中朝人民军队西集团，在地形不利，兵力和装备处于劣势，部队没有休整的情况下，依托临时构筑的野战工事，抗击“联合国军”在大量航空兵、炮兵和坦克支援下的凶猛进攻，战斗异常激烈。至2月7日，将进犯之敌阻止在汉江以南的内飞山、文衡山、武甲山、杨子山一线，使“联合国军”14昼夜只前进18公里，并付出很大的伤亡代价。这时，汉江已开始解冻，汉江以南作战地幅狭小。西集团为避免背水作战，于当日夜晚，将汉江西段2个军的主力撤至汉江北岸组织防御，而留一部兵力坚守南岸桥头阵地；将在汉江东段担任防御的1个军仍留于汉江以南坚守原阵地，以继续钳制敌人主要进攻集团保证东线反击作战的顺利进行。

此时，在东线进攻的“联合国军”，已进至砥平里、横城一线，并继续向北进攻。2 月 9 日，韩国军第 8 和第 5 两师突进至横城以北约 10 公里，态势突出，翼侧暴露。中朝人民军队决心乘此有利时机，采取正面突破、两翼迂回的战法，歼灭该敌。

2 月 11 日 17 时，中朝人民军队向横城以北之敌发起反击。中央集团经一昼夜激战，将韩国军第 8 师 3 个团、美军第 2 师 1 个营和 4 个炮兵营歼灭。随后，以一部兵力向砥平里之敌发起进攻，另一部兵力向原州方向发展。东集团在突破后，于前进中歼灭韩国军第 3 和第 5 师各一部，13 日前出到横城东南地区，并继续向平昌、宁越方向发展。至 15 日，中央集团攻砥平里未克，而敌援兵已到，原州地区之敌也已集中，中朝人民军队鉴于继续歼敌时机已失，遂停止进攻。

中朝人民军队停止进攻后，“联合国军”随即继续北犯。于是，中朝人民军队决心采取运动防御，用空间换取时间，以掩护后续兵团集结，改善交通运输，囤积作战物资，待敌深入后再举行反击。

2 月 17 日，中朝人民军队决定在全线转入运动防御。第 1 梯队展开 8 个军，第 2 梯队展开 3 个军另 1 个师。为了保存有生力量，大量杀伤敌人，采取兵力配置前轻后重、火力组织前重后轻的战术原则，实施了宽正面、大纵深的节节抗击。

邱少云听指导员说，现在正进行的是第四次战役。这次战役和前三次不同，比较被动。我军原以为美军被我三次重创后，短时间内不会发动大规模进攻，不料美军内部矛盾重重，一失败就互相指责，在内部压力越来越大的情况下，为缓和内部矛盾，他们纠集重兵全线进攻。美军是现代化装备，机动快，火力猛。我军正在休整，面对美军突然进攻，措手不及了。所以，仗打得相当艰苦。

西线美军在大量航空兵、大炮和坦克的支援下，发动了猛烈进攻。我坚守汉江南岸的部队在天寒地冻，粮弹供应困难、工程器材异常缺乏的情况下，依托一般野战工事进行作战，抗击敌人优势兵力的进攻。经过二十多个日日夜夜的奋战，杀敌一万多人，守住了阵地，完成了牵制敌人主要进攻集团，掩护东线我军主力向横城地区集结和反击的艰巨任务。

东线之敌被我军阻止在横城以北一线，我军集中了九个师的兵力，层层切断横城以北地区美军一个团及伪第八师。两天后我军发起进攻，歼敌1200余人，取得胜利。东线胜了，西面低平里之敌仍在原地未动。为了扩大战果，我军以六个团的兵力发起进攻，将敌人压缩在不足两平方公里的狭小地区。但敌人四周以坦克防守，兵力、火力很集中。我军火炮少，弹药又不足，攻不下来。两天后，敌人援兵赶到，解围。我军失利。

美军继续进攻！

我军决定全线转入防御，节节阻击！

听到这些情况，邱少云和战友们都很焦急，恨不得马上赶到无名高地。

部队在运行，大地在沉默，似乎连空气都停止了流动。战士们知道，这是大战前的孕育，这是正戏前的静场。

天擦黑的时候，部队赶到了无名高地左翼小孤山上，邱少云和战友们抓紧时间构筑工事，挖掩体。

这在战斗中是非常重要的一项工作，做好了就能起到杀伤敌人，保护自己的作用。否则就会给敌人以可乘之机，造成漏洞。这是丝毫也不可马虎的事情。邱少云是在山里长大的孩子，对山势走向，高矮凸凹的程度辨析能力特别敏感，现在派上了用场。虽然是在夜间他都能准确的目测出可供参考的数据来。在他的帮助下，战友们既缩短了作业时间又保证了工事的质量。

连长和指导员当即对他作了表扬，并对大家说：有了邱少云的这台土水平仪，就给我们争取了一定的休息时间，不然的话，今夜我们就没法子睡一会了。

真的，在那种环境下，能够得到哪怕是闭一闭眼睛的休息也是非常宝贵的。

连长和指导员按照前轻后重的原则部署兵力，按前轻后重的原则配备火力。部署完毕又构筑了坚固的观察所，沟通各阵地的联络。然后安排好岗哨，这才睡下了。

邱少云想：看起来，要打好仗也不能光靠勇敢，还要靠多动脑筋才行。

拂晓，美军进攻了。

这是邱少云有生以来从没见到过的两军对垒，先是由飞机呼啸而过，瞬间，大批的炸弹从天而降，接二连三的爆炸声此起彼伏，震得人头皮发麻，整个阵地上硝烟弥漫，乱石横飞。迫击炮进行第二波轰击，炮弹冰雹一样劈头压下，而美军的集团冲锋大约集结了有一个营的兵力。他们头戴钢盔，手拿毛瑟枪跟定在炮弹、炸弹的后边一边扫射一边向山上发起冲击。

看得出，这些军人训练有素，尽管在冲锋时还仍能够基本上保持着有效的战斗队形。而且，还在嘴里“哇啦哇啦”的怪叫着，大有不可一世的气焰。

看着他们猖狂的样子，战士们憋着一肚子火气，恨不得马上将他们迎头痛击下去。

但是连长、指导员却是经过大场面的领导，在此情况下表现得沉着冷静。让各班注意协调，把他们放近了再打。这样才能以迅雷不及掩耳之势，对敌造成强大的杀伤力，从气势上压倒他们战而胜之。

班长对战士说：“不要急，放近了再打！”

一百米不打，八十米不打，靠近点，再靠近点……

邱少云已经能看清楚这些强盗的狰狞面目了，班长一声令下：“打！”邱少云和战友们扣动扳机，呼啸的子弹带着仇恨的怒火，向敌群扫了过去。前边的美军麦捆子一样成排地倒下去，后边的敌人又成群地冲上来。

我们是取守势，居高临下，虽然也有伤亡，但是并不严重。

实际上，美军的优势并不在陆军，他们所依靠的是飞机、大炮。可是到了近距离作战，他们的这种优势就很难发挥出来了。

美军的第一次的轮番进攻，只坚持了半个小时就被打退了。

这是邱少云第一次和美国侵略军作战，表现的非常出色。

可是，敌人对此阵地的争夺也是志在必得的。紧接着，美军又组织了第二次冲锋。

这次不光空中增加了飞机，而且还调来了榴弹炮。对小孤山我军阵地实施拼钢铁似的狂轰滥炸，炮弹与炸弹齐飞，阵地都被炸起的烟雾笼罩。邱少云和他的战友们，隐蔽在“洞穴”掩体和坚固的工事里，为防意外，用军毯盖着机枪，用身子压着步枪、冲锋枪。满天飞舞的碎石和弹片像冰雹似的从天而降，阵地上不多一会儿就降下厚厚的一层。

有的战士被弹片击中，鲜血淋漓，他们一声不吭，坚守自己的岗位。

有位战士，伤很重，指导员动员他下去，他说：“我是党员，不能下去。”

连长、指导员到各个班、排指挥，鼓励大家坚守阵地。三班班长代表大家说：“首长放心，有我们三班在，就有阵地在！”

多么好的战士，气壮山河，视死如归的强音。

炮击和轰炸过后，数百名美军从三面围攻上来。邱少云和他的战友们，待美军离阵地四十米远的时候开枪射击，美军伤亡惨重。邱少云这回比第一次打得更沉着，几乎是弹无虚发，一枪就能消灭一个敌人。

战斗持续进行着，就这样，从拂晓打到黄昏，邱少云和他的战友们击退了敌人五次进攻。阵地上堆满了横七竖八的美军尸体。

近距离的阵地战，双双势均力敌，我们占有地利上的优势，他们当然难以占到便宜。但每当再次交战的间隙，美军都要炮击和轰炸，为步兵随后的进攻创造条件。可在他们进行炮击时，我们的战士就钻进工事里，却把阵地上美军丢下来的尸体炸得满天飞舞。面对这种景象，战士们戏谑道："这美军的炮弹、炸弹打扫起卫生来倒是挺干净利索的。"

我们是为正义而战，早把生死置之度外，因此，尽管在这样恶劣的情况下，邱少云和他的战友们依然保持这革命的乐观主义精神。

美军第六次进攻开始了，这一次他们集中了十架飞机，几十门榴弹炮，向我军阵地猛轰猛炸。敌机不但投炸弹，还投燃烧弹。许多战士被烧着，在烈火中翻滚。整个山顶都被打翻了。燃烧弹把阵地烧红了。但邱少云和战友们在这烟与火的山冈上，高喊着口号，一次又一次把敌人打死在阵地前面。

敌人退下去了。但是战场上的烈火没有熄灭。

邱少云虽然也迅速退回在"洞穴"掩体，但火舌一次次伸向他，烤得他的脸火辣辣地疼。

他咬紧牙关坚持着，注视着山下的敌人。因为，从这次冲锋来看，敌人已经改变了以往的战术：轰击和进攻几乎就仅仅间隔一步之遥。

敌我在作殊死搏斗，战况惨烈之至。可是在这样紧急的关头，我们的弹药出现了危机。

又一轮炮击开始了。

连长在烈火中喊："敌人这次可能不等轰炸停止就攻，各排注意，节省弹药!"

连长的喊话提醒了大家，一清查弹药果然都所剩不多了。

仗已经打了一天，弹药的消耗是可想而知的。特别是三班因处在阵地的最前沿，因此消耗的更大，战士们手中的子弹几乎都打光了。

看起来，一场白刃格斗在所难免了。

弹药是胜利的保障，也是战士们的生命所系。战场上首先就是要有效的杀伤敌人，然后才能更好地保护自己。弹药没了，我们阵地上的空气陡然紧张起来。

邱少云和他的战友们着急了。

三班长说："弹药少，不要紧，阵地上有的是石头，咱今天给他来个石头战！"

"对！"邱少云和他的战友们立即行动起来。

从三班的做法中受到了启发，于是，整个阵地上全都摆起石头阵来。

邱少云爱动脑筋，他的石头堆，堆放得十分巧妙，只要轻轻一推，一大堆石头就会"轰轰隆隆"飞滚下山。

战争也是一门艺术，残酷的环境迫使人们发挥出极大的想像力和创造力。谁能想到，这些亿万年大自然造化的结晶，竟也能成为当代战争的武器。

战友们都学他巧堆石头，石头堆的花样越来越多。美军当然也没料到，阵地上的石头变成了武器！美军军官在望远镜中看到了这些石头堆，没往别处想，以为我军抓紧时间，抢修阵地。

美军开始进攻，和连长估计的一样，他们没等炮火延伸射击，没等飞机离开阵地上空，就发起进攻，想在我军准备好反击之前，就接近我军阵地。这一次，他们投入的兵力比前五次都多，邱少云从石头缝中往山下看，美军黑压压一大片，少说也有六七百人。

敌人进攻速度很快。为了更有效地发挥石头阵的作用，那就更得让敌人靠近了再打。

敌人离阵地八十米。

六十米。

四十米……美军迷糊了，不知道对方葫芦里在卖什么药？

“难道阵地上的志愿军被炮火所消灭？”

“不对！既然没人了，那阵地上的‘工事’怎么又能修复的那么高？”

敌人狐疑着，一边打枪，一边弯着腰往上冲。眼看两军就要碰面了，连长这才大喊一声“打！”

连长的这一声令下，不得了啦！阵地上顿时巨石飞腾，挟风扬尘，劈头盖脑滚滚而下，美军被砸得惨叫连声，又丢下一片尸体，潮水般地往山下退。

这些石头还有一个优势，那就是它并不同于手榴弹、子弹，爆炸了、击中了也就随即报废了。可他们可没有这些限制，只要得势它就会一直滚下去，碰上谁谁就倒霉，轻了折胳膊断腿，重了脑浆迸裂，一块石头甚至可消灭几个、十几个敌人。

石头为邱少云和战友们赢得了时间，但它们也并非是取之不尽，用之不竭的。

敌人知道我们弹药缺乏，很快就又变得猖狂起来。

美军督战队开枪了，美军又掉头攻了上来，阵地前又是黑压压一片。

他们“哇啦哇啦”地号叫着，大概是在互相壮胆：冲哇！他们没有子弹了！

邱少云和他的战友们子弹打光了！

手榴弹扔光了！

最可爱的人

情势万分危机，阵地危如累卵。

指导员大声道：“同志们！毛主席教导我们，‘有利的情况和主动的恢复，往往产生于再坚持一下的努力之中。’我们要保持志愿军的荣誉，人在阵地在，拼也要把敌人拼下去！大家要知道，后方的领导时刻在注视着我们，他们会想方设法给我们送来弹药的，我们要树立必胜的信念，要勇敢地去接受艰巨的考验！”

站在血与火的战场，置身于生与死的边缘。全体指战员像一群青铜凝成的巨雕，凛凛然鼓荡着一股战之能胜，藐视一切敌人的豪气。

“誓与阵地共存亡”，不是太平年间牛气空洞的普通口号，那是粉身碎骨、血肉横飞的真实！是检验英雄和懦夫的标志。

就要进行白刃格斗了。这是意志和勇气的较量。

邱少云和他的战友们都上了刺刀。

正在这紧急的关头，一支由朝鲜老乡组织的供给队伍及时的赶到了。

这可真是及时雨哇！

战士们看到由他们头顶肩扛，费尽了千辛万苦才运上来弹药箱，激动地和他们拥抱在一起。邱少云一边用手拍打着一位老乡的后背，一边动情地连声道：“老乡，你们真是雪中送炭啊！这些东西不只是普通的武器、弹药，它们是这次战斗胜利的保证啊！”

是啊！在朝鲜这场无与伦比的殊死拼杀中，不光是中国人民志愿军和朝鲜人民军在相互配合，并肩战斗。朝鲜各族人民也作出了巨大的贡献。他们在国难当头之际，奋起抗争，同仇敌忾，倾其所有、所能，全力支援前线，为最后打赢这场战争作出了卓越的贡献。同时也承受并付出了巨大的牺牲。

在艰难困苦的战争环境里，他们节衣缩食，苦撑苦熬，不惜把自己的一切都无条件地用在了战场上。而且他们还无条件地献出了自己，或抢修桥梁道路，或抢救伤员，或运送弹药；枪林弹雨，风餐露宿，不停地穿行在朝鲜人民军和中国人民志愿军的阵地上、军营中。在敌人的枪弹下，在饥饿、寒冷、疾病中，他们也经常会有人倒下，再也不会起来……

他们是另一种表现形式的英雄，是中国人民志愿军和朝鲜人民军共同的亲人。

敌人冲上来了。

邱少云和他的战友有了朝鲜老乡的及时支援，更增添了战胜一切敌人的豪气，他们接过弹药箱，取出手榴弹、手雷转身飞奔到阵地前沿。

一排排手榴弹、手雷的爆炸，惊醒了美军一度的狂妄。

他们不明白，刚才被迫使用石头当武器的对手，怎么会在转眼间就有了那么充足的弹药。怕死的美军忽然间又变得胆小如鼠了，前排的被炸倒了几个，后排撒腿就跑，只恨爹妈少生了两双快腿了。为控制局面，美军指挥官下令督战队开枪。这回，退红了眼的队伍不再像羊一样任督战队驱赶了，见退进都没有他们的好处，索性来个就地卧倒，不进也不退了。

天黑了，美军不敢再发起新的进攻。近战夜战是我军的强项，美军怕死，不敢夜里跟我们较量，下令让那些不进也不退的美军撤下去。

阵地上出现了难得的安静。邱少云和他的战友们，这才有时间感谢这支冒着生命危险送弹药的队伍。

这支队伍都是朝鲜老人和孩子。翻译对邱少云和他的战友们说，这些老人和孩子说，他们是费了九牛二虎之力才争来的任务，他们冲到了最前沿，参加了战斗，觉得很自豪。

邱少云看着这些老人和孩子，一股热流涌上心头。

入朝之后，邱少云和战友们一样，和当地的老乡结下了深厚的情谊，每到一地，朝鲜父老就从房前房后刨出埋藏的粮食、烟草和糖果送到他们面前。每当邱少云和战士们婉言谢绝时，他们总是说：“咱们是一家人，不要见外。”

现在，在他们阻击敌人，万分危急时刻，这些老人和孩子冒着敌人的猛烈炮火，冲上阵地送弹药，邱少云他们不知如何表达自己的感激之情。

他把自己存的一包烟丝拿出来，送给一位朝鲜老人，说：“老人家，请收下，这是你中国孩子的一点心意。”

“小弟弟，这是中国哥哥的一点心意。”

战士们都把朝币掏了出来，塞到朝鲜孩子的手中。

这些孩子很坚强，往阵地上冲的时候，他们连死都不怕，现在却落泪了。

老人们和孩子都要求留下来和邱少云他们一起打阻击。

这怎么行，邱少云对老人们说：“为了你们老少乡亲的安宁，我们才来作战，怎么能让您老人家在枪林弹雨的阵地上流血呢。”

老人们说：“你们不是正在流血吗？”

邱少云说："那是我们的责任！"

在邱少云和战友们的催促下，老人带着他的队伍下去了。在走的时候，他们不断地回头望着这些中国的勇士们，大人孩子的眼里都溢满了泪水。

经过多日激战，邱少云和他的战友，顶住了敌人，没让敌人前进一步。

这时候，祖国慰问团来到朝鲜。

邱少云见到了祖国亲人，心里热乎乎的。慰问团的报告，使他仿佛看到了一天比一天强大的祖国，看到了祖国热火朝天的抗美援朝运动，感受到了祖国人民对志愿军火一样的热情。

慰问团的同志，在报告中还讲到他们入朝后的见闻，其中关于三十八军的故事，引起了邱少云的兴趣。

三十八军的指战员把汉江南岸的阻击战和斯大林格勒保卫战相比，觉得十分相像。他们说："所不同的是我们用的是步枪、机关枪、手榴弹，抗击着敌人的飞机、大炮、坦克。"当时，在志愿军中传看小说《日日夜夜》的不少，小说写斯大林格勒保卫战，非常生动，吸引了不少志愿军战士。邱少云觉得三十八军指战员这么一比，把我军八十七天的阻击战，生动形象地说出来了。邱少云想，如果中国有西蒙诺夫这样的作家，到朝鲜前线来，一定会写得比《日日夜夜》更精彩。因为邱少云所在部队，在抗击敌人的飞机、大炮和坦克时，用的不仅是步枪、机枪、手榴弹，还有刺刀和石头。

邱少云希望他们的部队首长向祖国亲人汇报他们在这次战役中的战绩。

部队首长和战士们的想法是一样的，向祖国亲人汇报取得的胜利，这是献给祖国人民最宝贵的礼物。

部队首长汇报得非常生动。战役是由许多许多环节组成的，邱少云听到了在他们周围许多部队指战员的英雄事迹。知道我军在这次战役中，投入了四个军，共歼灭敌人七万八千人。

部队首长在汇报中，讲了在这次战役中出现了许多孤胆英雄，出现了许多英雄班、英雄排、英雄连队。出现了一个人消灭二百三十名敌人的战斗英雄，出现了一个排消灭一个营敌人的英雄集体，出现了打到最后一个人也不后退一步的连队。

邱少云虽然亲身经历了这次战役，但还是被这些英雄的故事深深打动了，特别是那些战斗到最后一个人的连队留下的故事。

在部队首长的汇报中，还提到了邱少云他们连队在无名高地阻击战中硬顶硬拼、敢打能胜的钢铁意志和宝贵精神。汇报了朝鲜人民在关键时刻冒险送弹药的故事。

慰问团的同志听了很受感动，他们说："毛主席说过，我们灿烂的五星红旗，是染有朝鲜革命烈士的鲜血在上面的。中朝两国休戚与共、生死相依。回国以后，我们一定要把朝鲜人民冒着枪林弹雨送弹药的故事告诉祖国人民。"

慰问团的同志们还为邱少云和战友们表演了节目，其中一个就是齐声朗诵当时战地记者魏巍同志所采写的通讯《谁是最可爱的人》：

"在朝鲜的每一天，我都被一些东西感动着，我的思想感情的潮水，在放纵奔流着。它使我想把一切东西，都告诉给我祖国的朋友们。但我最急于告诉你们的，是我思想感情的一段重要经历，这就是，我越来越深刻地感觉到谁是我们最可爱的人！

"谁是我们最可爱的人呢？我们的部队、我们的战士，我感觉他们是最可爱的人。

"也许有的人在心里隐隐约约地说：你说的就是那些兵吗？他们看来是很平凡，很简单的哩。既看不出他们有什么高明的知识，又看不出他们有丰盛细致的感情。可是，我要说，这是由于你跟我们的战士接触太少，因此，你没有能够了解到：他们的品质是那样的纯洁和高尚，他们的意志是那样的坚韧和刚强，他们的气质是那样的淳朴和谦逊，他们的胸怀是那样的美丽和宽广！

……

朋友们，用不着繁琐的举例，你已经可以了解到我们的战士，是怎样的一种人。这种人是什么一种品质，他们的灵魂是多么的美丽和宽广。他们是历史上、世界上第一流的战士，第一流的人！他们是世界上一切善良爱好和平人民的优秀之花！是我们值得骄傲的祖国之花！我们以我们的祖国有这样的英雄而骄傲，我们以生在这个英雄的国度而自豪！

亲爱的朋友们，当你坐上早晨第一列电车走向工厂的时候，当你扛上犁耙走向田野的时候，当你喝完一杯豆浆，提着书包走向学校的时候，当你安安静静坐到办公桌前计划这一天工作的时候，当你向孩子嘴里塞着苹果的时候，当你和爱人悠闲散步的时候，朋友，你是否意识到你是在幸福之中呢？你也许很惊讶地看我：这是很平常的呀！可是，从朝鲜归来的人，会知道你正生活在幸福中。请你们意识到这是一种幸福吧，因为只有你意识到这一点，你才能更深刻了解我们的战士在朝鲜奋不顾身的原因。朋友！你已经知道了爱我们的祖国，爱我们的领袖，请再深深地爱我们的战士吧，他们确实是我们最可爱的人！”

这是发自内心的热情赞歌；这是对志愿军战士军人价值的肯定；这是对前线全体将士的鼓舞和鞭策；这是中华人民共和国牢固基石上的铭文；这是国际主义义务的精神支撑……

听完慰问团激情彭湃的朗诵，邱少云和战友们以经久不息的掌声表现自己内心的激动，他们站起来，向祖国人民宣誓：一定以最好的战绩，最完美的国际主义战士形象来回报祖国母亲的厚爱。接着，慰问团向战士们赠送了慰问品，每件慰问品上都印着“献给最可爱的人”七个字。邱少云眼睛湿润了，他心中默默地念道：“祖国叫我们是最可爱的人……”

土耳其旅的覆灭

4月22日，我军大规模反攻开始，这是抗美援朝战史上有名的第五次战役。

战役开始之前，邱少云听到了这样的战斗动员令：

“同志们，第五次战役就要开始了！大量歼灭敌几个师的光荣任务已经落在同志们的肩上！

这次战役的意义十分重大，因为它是我军取得主动权与否的关键，是朝鲜战争时间缩短或拖长的关键。

我们要力争战争时间缩短，因为它符合中朝人民的利益，我们要力争这个仗打胜，因为它有胜利的条件。

我们向敌人出击了，为中朝人民立功的时机已到！

我们的战斗口号是：全体动员起来，发扬艰苦奋斗、克服困难的精神，争取每战必胜！保持光荣传统！”

这次战役是紧接第四次战役之后进行的。在第四次战役中，“联合国军”一面从正面进攻，一面进行从中朝人民军队侧后登陆的准备，企图以侧后登陆配合正面进攻，将战线推进到平壤、元山一线。中朝人民军队为了粉碎“联合国军”的企图，夺回战争主动权，则一面积极进行防御作战，一面加紧进行反击作战的准备。1951年4月下旬，中国人民志愿军后续兵团第19和第3兵团已先后入朝完成集结，中朝人民军队已将“联合国军”14个师又3个旅阻止在三八线南北地区，遂决定集中12个军和4个炮兵师的兵力，组成左、中、右3个突击集团，于22日在西线发起战役反击。在作战指导上，以一部兵力从金化至加平方向打开战役缺口，将“联合国军”东西割裂；集中主力进行正面突破，两翼迂回，各个分割歼灭西线之敌；另以一部兵力钳制东线之敌。22日黄昏战役发起，中朝人民军队迅速突破了“联合国军”西线防御阵地，歼敌一部，并随即向纵深发展进攻。左翼集团发展迅速，其1个军于24日突入“联合国军”防御纵深30余公里，并歼灭美军第24师和韩国军第6师各一部，前出到加平以北地区，胜利地完成割裂任务。英军第29旅各一部共4000余人；中央突击集团在哨城里地区歼灭美军第3师一部；左翼突击集团在机山里追歼美军第24师一部，粉碎了“联合国军”建立新防线的企图。在中朝人民军队的连续打击下，“联合国军”于28日撤至汉城及昭阳江以南地区重新组织防御。中朝人民军队遂于29日结束西线的进攻。在西线反击作战的同时，位于东部战线的中朝人民军队，也先后向麟蹄以北之韩国军第5和第3师发起进攻，并歼其一部，积极地配合了西线作战。

战役第一阶段结束后，“联合国军”为查明中朝人民军队的动向，破坏中朝人民军队新的进攻准备，从4月30日起，以部分兵力实施反攻。5月8日，西线“联合国军”先后进占高阳、议政府、禾也山、大龙山地区；东线之韩国军进至于论里、麟蹄、龙浦里地区，翼侧暴露，态势突出。

中朝人民军队决心集中9个军的兵力，以歼灭东部战线突入县里地区之韩国军为目标，发起第二阶段作战。5月上中旬，以一部兵力对西线之敌实施佯攻，掩护主力东移。16日黄昏，采取正面突破、双层迂回、多路渗透的战术，在东线发起反击，直插县里以南的美山里、芳台山。17 日上午，在于论里、上南里地区将韩国军第 5 和第 7 师击溃，歼其 5 个营，并将韩国军第 3 和第 9 师包围在县里地区，20 日将其大部歼灭，缴获了全部重装备。与此同时，中朝人民军队以一部兵力向南发展进攻，占领束沙里、皮木亭一线。此时，美军第 3 师已由西线东调，进至丰岩里、下珍富里地区，堵塞了战役缺口；韩国军第 8 师由大田北调至堤川、平昌地区，建立了纵深防御。于是，中朝人民军队于 21 日停止进攻，结束了第二阶段的作战。在东线作战的同时，位于西线的中朝人民军队也积极向高阳至加平线之敌发起进攻，并歼其一部，有力地钳制了西线之“联合国军”主力，保障了东线反击作战的胜利。

5 月 23 日，中朝人民军队为进行休整补充，开始向三八线转移。“联合国军”乘机以 13 个师的兵力分路以坦克、摩托化步兵、炮兵组成的“特遣队”为先导进行反扑。中朝人民军队一度处于被动，志愿军 1 个师由于部署和指挥不周，遭受重大损失。为取得主动，中朝人民军队随即展开 8 个军进行阻击。“联合国军”在遭到严重损失以后，被迫于 6 月上旬停止在三八线附近地区，转入防御。至此，第五次战役胜利结束。

这次战役，中朝人民军队连续奋战 50 天，粉碎了“联合国军”将战线推进至平壤、元山一线的计划，取得歼灭“联合国军”8.2 万余人的重大胜利。此后，战争双方转入战略对峙。在中朝人民军队连续打击下，美国统治集团被迫于 7 月接受停战谈判。

在这次战役中，邱少云所在部队十五军隶属于中央集团的第三兵团。任务是在由三川里至新兴洞十五公里地段上组成一个梯队实施突击。他们所攻击的敌人是美军第二师和土耳其旅。

这两个对手可不是一般的角色，美军第二师是美军的名牌师自不必说；而土耳其旅却是一支传奇式的队伍，我们不妨先看一段背景资料：

“当时朝鲜战争是美国与新成立的联合国组织的首次合作。共有22国向朝鲜半岛派遣军队或医疗部队，16个国家派出了军队。土耳其就是首批主要参战国之一，派出了一个旅。

由亚兹吉准将统率的土耳其第一旅是一个团作战部队，有三个步兵营，还有支援炮兵和工程兵。在整个朝鲜战争期间，它是唯一一支配属于美军某个师的旅一级的联合国部队。

1950年10月17日，土耳其第一旅共5000余名士兵（包括联络组和先遣组）在韩国的釜山登陆，接着前往位于大丘城外新启用的联合国接待中心。土军士兵大都来自土耳其东部山区的小镇和村庄。这不仅是他们第一次离开祖国，也是第一次离开生于斯、长于斯的村庄，第一次和非穆斯林打交道。

土军指挥官亚兹吉将军是位上了年纪的准将，曾于1916年在加利波利指挥土军的一个师与英军作战，在土军内备受尊敬。为了能够到朝鲜指挥军队，他自愿降了一级。

土军来到朝鲜半岛，激起了公众的广泛注意。他们凶悍的外表，飘动的胡须以及佩带的大刀，使希望一睹他们雄姿的战地记者美梦成真。因为尽管土军士兵自第一次世界大战之后没有打过大仗；但他们的粗野强硬却是闻名遐迩。他们在战斗中更喜欢进攻，而且不给对手留丝毫余地。大多数土军士兵都年纪轻轻，随身携带一把匕首。对美军和其他联合国部队的士兵来说，这匕首就像是一把大刀。联合国的其他部队都不佩带这种刀，实际上，除了常规武器之外，他们没有任何别的武器。在赤膊战中，土耳其士兵能够娴熟地运用大刀，很具危险性，这使其他盟军都对他们敬而远之。

这支拼凑起来的五花八门的联合国部队主要由美国人组成，领导这支部队的美第八集团军司令沃尔顿·沃克将军突然接到命令，要他们发起强大攻势，力争早日结束战争。麦克阿瑟放出话来，要换下两个师，让孩子们回家过圣诞节。他的许诺推动了向鸭绿江挺进的错误想法。

来自北方的刺骨寒风肆虐着朝鲜陡峭无情的山区和变化莫测的山谷。40 年来最寒冷的严冬笼罩了这块大地。

美陆军第七师以及其他部队对在高寒地区作战毫无准备。作战部队中几乎无一配发毛皮风雪大衣。但是，他们接到的命令却是继续前进。11 月 21 日，上边下令他们渡河，还跟他们说，河水只有脚脖儿深；不会有任何问题。但是，头天晚上，这条河上游的大坝被打开了，河水流泄下来。士兵们艰难地步入冰冷刺骨、齐腰深的水里，水面上还漂浮着许多冰块。他们尝试了几次，都没能成功。后来，渡河的命令取消了。

在坚持继续前进的过程中，随着朝鲜半岛渐渐变宽，沃克的队伍也拉得越来越开。他们越往北走，所要控制的地盘就越大。

沃克用兵非常谨慎。情报机构也竭力去获取一些有关中国军队的兵力及其动向的切合实际的评估。在西线，在沃克的第九军前方集结的是中国第四野战军的第八兵团，包括 18 个步兵师，至少 18 万的兵力。在东线，与美第一军对峙的是中国第三野战军的第九兵团，有 12 个步兵师，约 12 万人。中国军队总兵力约 30 万，另外还有朝鲜人民军的 12 个师、约 6. 5 万的兵力。在联合国军后方作战的约 4 万游击队也使这支队伍的力量更加壮大。

中国军队使用最原始的方法成功调动了大量部队。他们靠牲畜和背扛运送供给，不受简陋公路的限制。他们没有卡车或其他机械化装备可以享受，在陆地上徒步跋涉，因而享有更大的机动性。而另一方面，联合国军却拘泥于基础路面，非要靠改善现有的公路来运送部队和装备。工兵连打前阵，竭力设法使公路能够让坦克和车辆通过。

中国军队通常在夜间行军，平均每天至少 18 英里，连续行军约

18 天。白天，他们就隐蔽在崎岖的山地。只有侦察小分队可在白天活动。

11 月 19 日，美军第二十五师于早上六点离开开城，是夜里两点左右宿营在矿业城镇军隅里。次日，未配备卡车、基本上是个步兵部队的土耳其旅被派遣编入军队里的第九军后备队。21 日，该旅接到命令与美军二十五师一同北上。

11 月 26 日，中国军队向美第一军和第九军发起猛烈反击，气势骇人。土耳其士兵受命保护联合国军的右翼。该旅第一营被用派来的卡车运送到军隅里以东 15 英里、距德川约一半路程的瓦院。由于派来的车辆不够多，卸下一营之后，才能再返回来接二营，于是，土耳其旅的一些部队便开始步行。各种各样的命令、与前令相反的命令以及乱七八糟的传令使得整个局面乱作一团，难以明辨。

土耳其旅受命封锁公路，并夺取云兴里。后来，在解释当时的混乱局面时，亚兹吉写道：‘根本没有时间把我部运送到云兴里，并在天黑之前将其部署到位。另外，美军推测我们的敌人应该在新兴里，但实际上，他们距离美军要求我们防守的战线太近了。我部在到达指定位置之前受到突然袭击的可能性太大了。

正如亚兹吉明确指出的，土耳其旅处境不妙。他们不得不向东南撤退。这一撤退进一步暴露了土耳其旅自己的东翼以及美第二师的东翼。亚兹吉命令部下紧接着向东北方向的瓦院运动。土耳其旅此时已经与美军失去了联系。因此，亚兹吉担负起指挥任务。部队到达瓦院后，在没有坦克掩护的情况下，亚兹吉命令土军徒步向德川发起了进攻。

美军第二师的空中侦察发现成千上万的中国部队正在朝德川方向运动，判定那就是他们将要攻打的地方。但实际上，中国在整条战线上发起了反攻。

土耳其旅被孤立在零度以下的气温里。夜里，中国军队使用鼓号、口哨、长笛、牧羊笛和钹制造出阵阵噪声，又喊又说又笑地对他们进行了连续密集的干扰。

原本采取攻势的联合国军此刻变成了全军溃退。势不可挡的中国军队不断地变换战术和攻打方向。军部与土耳其旅的通信恢复了。由于语言不通，有些命令搞明白了，但大多数则没有。该旅接到命令，与美军第三十八团会合，掩护该团的侧翼；并夺取一条向西撤退的路线。但在撤退的慌乱之中，文电信息被错传延误，杂乱无章，因此，当这条至关重要的指令传到时，已经晚了两个小时。部队只好在一片混乱中，在拥挤不堪的公路上慌忙掉头。

在向瓦院回撤途中，土耳其旅再次遭到了我军火力的猛烈攻击。该旅还没能来得及重新集结防御，中国军队就已经来到了。他们对这支凌乱无序的纵队发起猛烈进攻，土军九连不得不再次掉转头攻击，掩护大部队撤退。十连受命负责该旅的全面警戒。

中国军队的增援部队想要包围整个土耳其旅。不过，亚兹吉在对战场局势进行分析之后，采取措施来保护他的侧翼，以免被全面包围。中国军队势如破竹，突然停止了进攻，这样土耳其旅又陷入了他们布设的圈套。中国军队的伏击对土耳其旅造成了严重的打击。

11 月 30 日，该旅战斗力严重受挫。他们从美第九军得到的唯一援助就是一个坦克排和运输卡车，再加上该旅的火炮，使该旅部分力量得以幸存。

撤回瓦院的土军主力 11 月 27 日被团团包围，他们的大刀与中国军队的刺刀之间展开了白刃战，约 400 人受伤。土耳其旅在瓦院一直坚持到当天下午，尔后向西南方的另一个阵地撤退。在遭到中国军队的再次迂回包抄之后，他们又向军隅里撤退。部队损失了大部分车辆。当幸存下来的士兵再也没有其他的逃脱办法时，就都匆匆爬进了山里。此时，中国军队已经控制了所有的公路。土耳其旅继续进行了阻滞战斗，想要为其剩余的部队争取时间来重新编队，并组织一次多少像样的防御，但都没有奏效。

在二师司令部，有关土耳其旅及其实际行动的消息越来越难以获得。派往土耳其旅阵地的坦克一次次被挡了回来。混乱导致了惊人事件不断出现，美军士兵干脆放弃了阵地和装备，甚至连武器也丢掉了。中国军队好像遍地都是，同时又到处找不到影子。他们的动向很少能够得到证实。即便是确认了，也常常是错误的。比如有消息说，中国军队就在前面，结果他们却从后面发起了进攻。土耳其旅决定撤销战地指挥所，因此往后开始的完全是一场新式又古老的战争。因此，损失惨重。”

土耳其旅虽连遭重创，却并没有从根本上动摇其战斗力，仍然是“联合国军”中的一支劲旅，可是这次交手的是邱少云所在部队十五军，和这个刚到朝鲜战场的生力军来对垒，恐怕就很难有好的前景了。

战斗异常激烈。

美军在遭受突然打击之后，为了要掩护溃败的部队撤退，便把土耳其旅推上去来作替死鬼。

土耳其旅开上来的第二天拂晓，就派出一个所谓加强连，乘着二十多辆卡车，沿着蜿蜒数十里的山路，直奔驻地东南戛日岭的顶峰，企图控制这一高达千尺的险峻山岭，阻止我军向南追击溃敌。没有料到邱少云所在部队也在这一个清晨进抵该岭。就在悬崖峭壁的山上，我志愿军与这一连土耳其兵展开了遭遇战。一个回合，就击溃了这一群仆从兵，消灭五六十人，其余的狼狈逃窜，滚下山去。

土耳其兵挨了当头一棒后，惊慌失措。他们再也不敢恋战，数千土耳其兵，乘着一百多辆卡车，慌忙逃命。邱少云和他的战友们发扬连续作战的作风，跟在敌人的屁股后面穷追猛打，前边的兄弟部队又迎头阻击，土耳其旅伤亡惨重。土耳其旅的士兵，一面要设法自己逃命，一面还要掩护美军撤退，经过一昼夜的战斗，满山遍野都是戴着星月帽徽的土耳其士兵尸体。他们被迫撤往二线阵地固守。

邱少云和他的战友们发扬连续作战的作风，轻装向敌人第二线阵地突击。

敌阵地被突破。

这次，敌军不那么沉得住气了，炮兵把榴弹炮挂在汽车后面，冲上公路逃，步兵也冲上公路逃，汽车和步兵挤在一起，乱作一团。

连长、排长、班长一起喊："冲啊！"邱少云和他的战友勇猛插入敌群，用冲锋枪猛扫，打得敌军四处乱逃，衣物、食品、枪支都扔了。

班长突然大喊一声："缴枪不杀！"这四个字是用英语喊的，可班长的英语发音不准，敌人没听懂，还是四处乱跑。

邱少云用四川味的英语喊："缴枪不杀！"这回美军和土耳其军都听懂了，双腿下跪，举手投降。

我军右翼集团，将是猛将，兵是神兵。他们的任务是强渡临津江，仅用一个小时，就突破了临津江天险。

在第一次世界大战之后土耳其的第一场真正战争中，由美军顾问武装和训练的土耳其旅，虽然表现得勇敢卓越，经过这次和邱少云所部的交手后，就基本上属于土崩瓦解了。光被邱少云和战友们俘虏的就有好几百人。

他们知道我们优待俘虏的政策：放下武器的土耳其兵在被俘后，就张着嘴巴要东西吃。有的从大衣口袋里掏出生的苞米来剥食，仆从兵是吃不上美国少爷兵的罐头的，虽然忠心耿耿，还是不免受到主子的歧视。他们的性命更是不值钱，在危急的时候，要替美国兵作挡箭牌。所以这些被愚昧的土耳其兵在被俘后，都很高兴。当邱少云和战友们把缴获的土耳其纸烟分发给他们抽的时候，他们十分感激，有些俘虏做手势表示说："这些纸烟，以前只有我们的长官才能抽。”

邱少云想：世界上的战争历来就有正义和非正义的区别。这些土耳其士兵也都是一些青年，可是他们国家的执政者为了讨好美帝国主义，把他们好端端地驱赶到了异国他乡的战场，去做与人类文明进步有百害而无一利的事情。这是和我们抗美援朝的正义事业格格不入的事情。为虎作伥，害人害己；土耳其旅的被歼，说明了作为美国侵略者的帮凶的悲惨命运。那就是帮凶者所受到的惩罚，并不会比他们的主子轻些。相反地，他们由于往往被美国侵略者利用作挡箭牌，更早地变成了炮灰。

通过这场战斗，敌人遭受重创。这样，我军左翼、中央集团和右翼的突击，都获得胜利，敌人被迫后退。28 日，敌军撤到汉城及北汉江、昭阳江以南。

敌人逃跑也是机械化的，很快。组织防御也是机械化的，也很快。他们撤退之后，很快就重新组织好防御。

在汉城周围，敌军加强防御，组成绵密的防御体系。

敌人的意图很明显：诱我攻城。

汉城曾被我军收复，后来，为了战略需要，主动撤离。现在，敌人以为我军会不惜一切代价去攻城，他们准备在我军攻城时，大量杀伤我军。为此美军调兵遣将加强汉城防守。

我军第五次战役是选择在敌人伤亡没有补充，后援部队没到，兵力相对弱于我军的情况下展开的。现在敌人组织好防御，情况变了，我军不能攻，攻就上当了。

我军下令：第五战役第一阶段结束，停止进攻。

邱少云所在的部队，迅速调整，补充粮食和弹药，准备打第二阶段战斗。在第一阶段的战斗中，邱少云和战士们打得很痛快。

第五战役第一阶段是 4 月 29 日停火的。敌军从 4 月 30 日起，即以部分兵力实施反攻，企图破坏我军的进攻准备，使我军不能及时补充粮食和弹约。敌人的这一手很毒，他们知道我军后勤工作困难，只能供应一周的粮食弹药，粮食和弹药不能保证供应，我军的进攻就不能展开，展开也不能支持长久。

我军没有让敌人的阴谋得逞，以局部兵力遏制了敌人的反攻，全军仍积极备战，抢运粮食和弹药。

邱少云和他的战友们看到，后方运输效率提高了，不到一个星期，弹药和粮食就运上来了。

邱少云觉得心里特别踏实，和战友们继续积极准备第二阶段战斗。

敌军统帅李奇微在以部分兵力破坏我军进攻的同时，进行了充分的战术准备，他根据参谋提供的情报，判断我军即将展开的第二阶段进攻，会从中线突破。

李奇微往中线调兵遣将。

李奇微的判断是错误的，我军选择的主攻方向是东线！

5 月 8 日，志愿军政治部发出第五次战役第二阶段的政治工作指示，指示中特别强调下面一段话：

部队愈是南下，愈要团结朝鲜人民，切实执行政策纪律，并注意搜集缴获物资，以补充自己，克服困难。

第二阶段的战斗很快打响，第三兵团的任务是割裂美、伪军联系和阻击敌第十军不得东援。

一声令下，邱少云和他的战友们勇猛穿插，直捣大水洞美军第三十八团团部。

在穿插作战中，邱少云打得很勇敢，每次战斗任务，都完成得很好。不但他打得好，战友们打得也很好，涌现出许多英雄人物：

常同茂四次冲入敌阵，连夺五个地堡，打死敌人三十名，活捉七名，缴获各种枪十多支，荣立特等功；尤太忠师长在难以全歼敌人的困难条件下，毅然向敌人发起攻击，把敌人百余辆汽车和装甲车堵在山沟里，打得敌人弹药车起火，把美军炸得血肉横飞，歼灭、俘虏美军1250名，取得了辉煌的胜利。

战场上，邱少云敢于藐视一切敌人，显示出一个革命军人轻生死、重大义的英雄本色。但是，对照这些作出巨大贡献的战友来说，他感到自己还做得很不够。他暗暗下定决心：在以后的对敌斗争中要更加充分发挥自己的勇力和聪敏智慧，为祖国作出更大贡献，为中国人民志愿军的战旗上增加光彩。

5月21日，以东线为主攻方向的第二阶段战斗取得胜利。我军歼灭敌军46000余人，击毁和缴获汽车千余辆、坦克200余辆，击落击伤敌机260架。

但是，战场上风云变幻，神秘奇诡，胜利的天平不会单单倾斜向一方，谁也不会是永远的赢家，所以说：从某种意义上来说，胜败应是兵家常事。

就在我军初战告捷，决定将主力向北转移、休整。十五军奉命后撤的时候，敌人突然从多路反扑，转瞬间，我一八零师便被敌军包围！

这件突发事件震动全军乃至整个朝鲜战场。

接应突围

“敌人被我们拦截，不能前进，这就有利于一八零师突围，我们也就能更快地接应他们突围。这是我们的手足兄弟，血浓于水，不论付出多大代价，也要坚决完成任务”

指导员向大家解释着自己的指挥意图。

指导员说：“被截在三八线以南的，除一八零师以外，还有二十七军和十二军。二十七军在向北转移的时候，发现敌人飞机向我军后方飞，不扔炸弹，发现敌军坦克从左右两翼向我后方猛插，发现敌人的摩托部队也从左右两侧向我后方迂回，断定敌人要利用坦克、摩托兵和空降兵占领我后方桥梁和渡口，拦截包围。当时二十七军已经断粮，但军长沉着镇定，指挥部队交替掩护，寻敌空隙，绕路转移，已把全军建制完整地带了回来。”

“太好了！一八零师会不会也是这样，正在绕路转移?”

喜欢动脑筋的邱少云，听了指导员的话他的思维也立刻活跃起来。

指导员说特别喜欢他这种爱动脑筋的做法，对他耐心的回答说：“电台联系不上，不清楚。但是，你的想法应该是不错的，但愿他们也会这样做，能把部队完整地带出来。”

邱少云问：“十二军情况怎么样?”

指导员说：“他们的九十一团被截，离我们这儿 90 公里，比一八零师还要远。他们发现被围时也已经断粮。那一带朝鲜居民全都逃走，无处借粮。他们动员战士一边行军一边采野菜吃。在这次战役中，他们的武器弹药消耗很大，为了突围，他们在突围中打了许多次小歼灭战，夺敌人的武器弹药。他们白天隐蔽，晚上混在敌人的后边或左右，向北转移，现在已经夺路突围回来。”

战士们议论起来：“就得这么干！没准一八零师也在夜间混在敌人队伍中间向北转移，我们夜里要警觉点，要是一八零师突围了，咱们猛打猛冲，上去接应。”

指导员说：“大家说得对，我们要看准时机，接应一八零师突围。但是到底他们采取什么办法突围，现在还不清楚。情况不同，突围办法也不同，十二军和二十七军就不一样。一八零师的情况可能比十二军和二十七军都复杂，我们一定要打好现在这一仗，给他们突围创造条件。”

有的战士说：“要是能派个侦察小分队钻进包围圈，和一八零师接上头，那就容易配合了。指导员，你说呢?”

指导员说：“彭总、军首长都很关心一八零师，联系不上都很着急，我想负责侦察的部队会想方设法和他们联系上的。大家晚上要特别注意。”

邱少云记住了指导员这句话，这天晚上，他特别留心。

夜，特别是月夜，是属于我军的。我军的许多战役都是在月夜进行，突围更要有夜幕掩护。夜幕使敌军的现代化装备发挥不了优势，他们又怕死，不愿意也不敢夜战。他们知道我军利用夜间行动，他们也没办法。

夜里十点左右，一个黑影在中间地带向我移动。

离我军阵地 30 米远时，黑影异常谨慎，不出一点声响。

离我军阵地十米远时，邱少云看清了，他穿一套美军军服，头戴钢盔。

原来是一八零师的侦察员。

这位突破重围的勇士把一八零师的情况向连长、指导员作了详细汇报，他说："请把我说的情况向首长报告。我师刚刚向北转移，敌人出动飞机、坦克和摩托部队，从我师左右两侧迂回，占领桥梁和渡口，截断我军北移之路，接着完成包围。我师作战胜利后处在休整状态，对敌人这一突然行动缺乏心理准备，敌人动用了那么多军队，速度又那么快，师首长没有注意去抢占桥和渡口，只是要求部队抢占山头，抢占制高点，这样一来，再想突围也难了。敌军在完成包围之后，又利用坦克和摩托部队，对我师进行割裂，我师上了各个山头，敌人的分割战术成功了。这时候，敌军中的国民党特务喊话进行煽动，我师中潜藏的国民党特务作内应，煽动叛变，一时师中混乱。偏偏在这时候，师首长下令分散成小股部队突围，眼看着部队就乱了。现在，各小股部队突围情况我不清楚，我们这一股，大约一个营，突围坚决，突围出来了，就在这股敌人后面，营长让我先混过来，和你们联系，请你们接应一下。"

情况汇报完后，侦察员毅然谢绝了邱少云和战友们的挽留，再次钻入敌人的包围圈中。

望着这位视死如归的勇士，邱少云心里肃然起敬。他想：作为战士就要和这位勇士一样，让自己的生死服从于大局的需要。为了整体的利益，自己的一切都应毫无条件的作出牺牲。

有关侦察员带出来的情况，连长、指导员马上向上级作了报告。

上级首长很快传下命令，让邱少云的所在部队迅速调整最佳方位，竭尽全力去接应这个营突围！

邱少云和他的战友们接到命令，立即向敌人发起攻击，很快在那个营突围方向撕开一个口子。

缺口东西两侧敌人马上明白：这是我军接应突围，同时向缺口进攻。我军为保住缺口，在东、西两个方面阻击敌军。

我军十分谨慎，和突围部队接上头之后，立即交替掩护撤退。

整个战斗不到半个小时，成功地接应了突围的同志。

战地重逢，死里逃生，邱少云和战友们和突围出来的同志们拥抱在一起。

突围的同志们离去了，但是邱少云和他的战友们仍沉浸在兴奋之中，他们盼着一八零师那一股股小部队都能突围，像今天晚上这样的接应战，再多打几个。那样，被围困的战友们就多了一分生存的希望。

为了堵塞漏洞，扎紧口袋，敌人又重新调整了阵地布局。给一八零师的突围活动增加了更大的困难。

但是，有一分的希望就会作出一百分的努力；邱少云和他的战友们仍处在夜以继日的严阵以待中。

他们每一个人都在思考和猜测：一八零师出现了那么复杂的情况，还能突围出来多少？师的指挥机关能突围出来吗？

实际上的情况是，在胡景义首先率部突围后：当时的韦杰军长立即见了他，在得知一八零师已经分散突围后，他立即命令有战斗经验的干部和士兵，带上粮食和弹药进入山中寻找突围的官兵。

被部队如此大的损失弄得火气很盛的副军长查玉升建议调两个师立即进行反击，以接应突围的一八零师的官兵："上级要是追究责任，把我查玉升的脑袋交上去！"

但是，韦杰军长认为，既然分散突围，就很难找到他们，反击带来的损失会得不偿失。韦杰的判断是对的，派人敌后寻找一八零师官兵的人最后都空手而归。

另一支突围成功的小分队由五三九团团长王至诚、团政治处主任李全山、作训参谋张绍武所带领的40余人组成。他们冲出包围，还完整地带出团的地图和文件，回到了我军的阵地。

五三九团二营在教导员关志超的带领下，60余人两天后回到我军的阵地上。

五四零团政委李懋召、五三八团团长庞克昌也带领着一部分人回来了。

师长郑其贵、副师长段龙章、参谋长王振邦带领的是警卫分队和师指挥部的部分机关人员。这支小小的队伍黎明时分就遇到了美军的追杀。美军的坦克在山谷间的开阔地上吼叫着，钢铁的履带把中国士兵的身体卷进去，然后抛起来。这支队伍不择方向地分散跑开，警卫班在混乱中依旧存在保护首长的意识，几名士兵向郑其贵奔跑的相反方向跑去，以求吸引美军的火力。

在越过小河边的一片开阔地，向山上奔跑时，两名警卫战士拼死阻挡美军，用仅有的子弹还击，吸引了美军的大部分火力，趁这个机会，师首长们冲过山去了。

郑其贵师长回过头来了，他无法不回头看一眼就奔下山去。

一个战士当场被打死。另一个战士负伤被俘。

这一幕，郑其贵永生难忘。

突围最艰难的一支队伍，是由政治部主任吴成德带领的。

围绕在他身边的有数百人之多，其中还有文工团年轻的女孩子和不少伤员。吴成德为了表示他与大家同生共死，当着大家的面，掏出手枪把自己的那匹马打死了，然后他对大家说："大家不要怕！我们互相帮助，就一定能冲出去！我可把话说明白，谁要是叛变投敌，我就枪毙了他！"

由于人多，这支队伍目标十分明显。他们抬着重伤员，扶着轻伤员和走不动的女孩子，冒着大雨向敌人的包围圈冲去。封锁线上白昼般的照明弹和密集的火力令他们屡次受挫，在多次改变突围的方向后，依旧没能突出去。在一条山沟里，他们被美军的坦克堵截，美军残酷地向挤满中国官兵的山沟开炮，然后进行坦克碾压。这些中国官兵虽然没有了任何还击的能力，但是只要不被打倒，他们就反抗，他们反抗的唯一方法就是奔跑，就是不把双手举起来。

失败是痛心的，但是也不能简单的“以成败论英雄”，邱少云眼望着被接应援救出来的战友们，心里想了很多：这些冲出来的同志虽然历尽千难万险，面容憔悴不堪，满身伤痕，但是作为军人百折不挠坚强不屈的意志，仍给人以灵魂上的强烈冲击。这才是自己应该学习的地方。

顽强对峙

一八零师事件后，敌我双双都相应地调整了战略部署。

敌军频繁调动之后，战局渐渐起了变化。

在正面战场，敌军不再向我军多路进攻，搞起所谓“攻势防御”，实际上就是积极防御。积极防御的核心因素就在于积极这两个字上，也就是寓防御于进攻之中。大规模的集团似的进攻虽暂时停顿了下来，但是他们的小型进攻，飞机轮番轰炸，都是从未停息过的。

我军以其人之道还治其人之身，自然也随之采取这种战略方针，进而争取部队的寄养补充和人员的休整。这期间，为了争取时间给敌人以错觉，我第一线部队一面大面积行动起来，挖战壕构筑工事，拉开固守的架子，做好了反击敌军进攻的准备；一面组织精悍力量进行小部队进攻和阻击活动，尽最大努力极力挤占中间地带。扩大我们的战略纵深，增加部队回旋的余地。

邱少云和战友们处在在第一线，他们在这个庞大的战术链条中，最积极活跃的单兵分子，他们阵地的主要任务是全天候投入对敌阵地的阻击活动。

敌人当然也不会只顾被动挨打，于是，一场互为目标的阻击活动就有声有色地开展起来了。

这是一场特殊的战斗。

阵地上少了些炸弹轰鸣，烈火硝烟；血肉横飞，乱石崩溅。但不紧不慢的枪声，却更增加几分紧张和恐怖。因为，这种阻击，射手们都是在精确瞄准后才进行击发，命中率特别高，几乎是弹无虚发。这就要求参战者沉着冷静，既要寻找目标又要隐蔽保护好自己。

从战场条件上，我们远不如敌人：首先，他们的狙击手有望远镜，寻求目标较为容易，我们的战士却只能用肉眼观察，寻求目标的难度就相对增加了。其次，在这方面，敌人有侦察机配合，他们可以把我军阵地上的情况拍成照片提供给他们的狙击手。而我们的空军还达不到这种低空侦察的技术要求。

当然，我们也有我们的优势，我们的战士都是满怀激情自愿参加赴朝作战的，有的是蔑视一切敌人的英雄气概；而敌人则是雇佣兵，是被人驱赶到战场的，他们作战首先要考虑好怎样才能保住性命。这从士气上先输给了我们一着。另外，我军阵地稍高，这从地利上也占了优势。

面对敌我这种形式，邱少云的脑袋又很快转动起来，先在伪装上下功夫。伪装掩体，伪装战壕，伪装自己。他作出的伪装非常巧妙，别说对方阵地和飞机，甚至连自己临班的战友也很难看出他来。

打的时候，他也采取灵活机动的方法，不断变换位置，打一枪换一个地方。而且能找出打击敌人的有效角度，和敌人在寻找自己时视线上的死角。

这样，他不光自己打出了好成绩，还抽空绘出了敌人阻击兵的分布图，并摸出了他们改变射击位置的规律。

这样做到有的放矢，战果卓著。

第一天，邱少云就干掉了美军的一个少尉和两个狙击手。顿时，对敌人造成了很大的威胁。

后来，一连几天都有收获，敌军终于发现了他，他们让炮兵轰击邱少云的阻击阵地，邱少云只好钻进了防炮洞。

在防炮洞中，邱少云琢磨，这次敌军为什么反应这么快？他射击时，天上没有飞机，敌人用望远镜也看不到他，那么敌人是怎么发现他的呢？

“敌人肯定新增添了观察点，不然的话他们是不会发现我的”，邱少云非常自信。按照这个思路，邱少云开始在备用位置上仔细观察，发现敌人阵地右后方，果然有一块凸起的高地。这更加证实了自己想法的正确：敌人如果在那里设观察所，我军阵地阻击情况一览无余。

邱少云把自己的想法告诉了班长，班长肯定了他的想法是对的。并迅速向上级作了报告。

我军的炮轰鸣，弹着点就在那块凸起的高地上。炮弹像是长上了眼睛，那块阵地被炸得土石横飞，其中还夹杂着敌人的残肢断臂，枪支钢盔在飞舞。

知道暴露了目标，敌人从此再也不敢在那里设观察阵地了。

双双对峙，虎视眈眈；枪声虽稀稀落落却持续不断。

像是在做一场无休止的游戏，但这个游戏是以鲜血作代价的。每天下来，敌我都各有伤亡。只有量的不同，没有质的区别。

要想战绩略胜一筹，就要看参战者的眼力、枪法、机灵度了。

邱少云的眼力特棒，这似乎应归功于小时候苦难的生活锻炼。你要生存，在逃荒时，地上的一粒米，荆棘丛中的一颗僵果，翻耕过的土地里遗落下的一段薯根，都不可能从他的眼里逃过。因为，这是他和弟弟得以活命的根本啊！

现在，他很自然的把在穷苦中锻炼出来的这种本事，用在了对敌斗争的战场上，是为了快点把侵略者赶出朝鲜去，让这里千千万万和自己一样的朝鲜儿童，早日脱离战争的苦难。也是为自己祖国的孩子过得幸福安宁。

邱少云的这种思想其实就是爱国主义和国际主义的自然延伸。因为有这种思想境界的升华，就更增加了对敌人的百倍仇恨，他紧攥钢枪，密切注视，随时准备敲碎美国侵略者的脑壳。

第三天，邱少云在第二个备用位置上观察。在晨雾中，他看到敌人阵地上有一丛草长高了一截，他迅速扣动了扳机，那丛高出半尺的草，消失了。邱少云知道，那是敌人狙击手的脑袋。

这一次没引来敌人的炮火，却引来了敌人一阵重机枪的扫射，邱少云又钻进防炮洞。他知道，敌人不打炮说明自己关于敌人观察所得的判断是正确的。

在防炮洞里，他记下了敌人重机枪的位置。

当天夜里，他爬到离敌重机枪阵地很近的中间地带，挖好掩体和防炮洞，破晓前挖成，在掩体里埋伏好。

拂晓，又是晨雾弥漫。

我阵地阻击兵利用晨雾，连响三枪，打死了敌军三个阻击兵。这时，邱少云发现，敌重机枪护板后面有人影晃动，头影露出了一点点，他猛扣扳机，头影不见了。这一天，我军消灭敌军阻击兵十一人，我方三名狙击手牺牲。

邱少云躲进防炮洞，隐蔽了一个白天，在洞中观察了敌人阻击兵的换位情况，心里盘算第二天怎么打，敌人阻击兵会在什么位置出现。

夜里，在最黑暗的时候，邱少云回到阵地，他把自己的想法告诉了狙击手们，班长说："明天咱们来个统一行动，拂晓就把敌人狙击手全干掉！"

指导员来了，班长正要报告明天的阻击行动，见指导员手里拿着文件，知道有重要事情要传达。

战士们围着指导员。指导员说：“大家都很关心一八零师的突围情况，现在可以告诉大家了：一八零有相当部分突围了出来，可是也有不少的队伍，乱了，散了，伤亡失踪数字很大。这是我军入朝以来最严重的挫折，彭总要我们军，我们兵团，我们全军认真总结，找出原因。为了教育全军，上级发了《关于一八零师受损事件通报》。”

指导员传达完《通报》之后，按照通知要求，大家展开了热烈的讨论。

邱少云说：“一八零师受损严重，我们都很难过。上级首长让我们进行讨论确是非常必要的。同样一个部队，为什么有的指战员能够做到处变不惊，心不乱，劲不散，在如此被动恶劣的环境中，打的英勇顽强，机动灵活，最后突破了敌人的层层围困，最终回到自己的队伍上来？为什么有的却不战自乱，土崩瓦解？我认为原因虽然很多，但最重要的还是个纪律问题。纪律不严，应是一八零师血的教训，这个教训再一次告诫我们！纪律就是生命，纪律重于生命。我们每个战士都自觉遵守纪律，战斗才能取得胜利。”

大家都很赞成邱少云的观点，一致认为说到了点子上。

“加强纪律性，革命无不胜！”这是一八零师用血的教训换来的。

邱少云在时时刻刻自觉地遵守着纪律，他把纪律视为比生命还要贵重的东西。

天亮了，没有雾。敌人阵地上的一切看得很清晰。

在邱少云预测的敌军狙击手位置上，都出现了增高半尺的草丛。

狙击手们互相递着眼色，似乎在说：“果然在那里！”

可是，邱少云却从中看出了蹊跷；于是，他悄悄地对班长说：“班长，我看敌人摸到了我们的意图，那增高的草丛是故意给我们看的，他们肯定躲在其他位置上，不要上当！”

班长也意识到敌军有鬼！听了邱少云的想法便果断地下令道："赶快转移到备用位置，快！"

原来敌人这些天也从这里我们这里学了一手：他们夜间偷偷地运动到到中间地带挖起了掩体，就在我狙击手向备用位置转移的时候，他们就开了枪，要不是邱少云发现的及时，我们肯定要遭受到很大的损失。

好在有惊无险，我们只有一个战士受了点轻伤。

阵地在枪响过后，变得十分宁静，这种宁静持续了一个白天。

敌我双双都各怀心腹事。

敌人自以为得计，伺机反扑；我军故作不知，以逸待劳。

天黑之后，进入中间地带的敌军狙击手，悄悄从掩体里爬出来，向他们的阵地爬去。他们的动作异常小心，充分利用地形地物，快到他们阵地了，他们的头才稍微抬高了一些。就在这一瞬间，邱少云和他的战友的枪响了，二十一个美军狙击手，个个头部中枪，卧在他们的阵地前，永远也爬起不来了。

美军很少敢在夜间作战，这一次是个例外，但也还是没有占到便宜。

敌人遭到这样的打击是出乎他们意料的事情。因为，这是在阻击对峙阶段，一次被打死二十一个，这就是了不起的事情了。

敌人恼火了，开始用大炮轰击我军阻击阵地，邱少云和战友们转入防炮洞。

炮击过后，邱少云出洞观察，发现敌人阵地前的美军尸体全被拖走。他想，在敌人炮击时，是阻击歼敌的大好时机，关键在于要把防炮洞构造改造一下，留出射击孔。

邱少云这一改造增加了歼敌机会，敌人以为他们一炮击，他们在阵地上就自由了，没有想到枪口已经对准了他们。

邱少云和战友们把美军送上西天人次越来越多，经验越来越丰富了。

其实，在战争中没有真正意义上的防御战，所谓防御是一系列进攻组成的盾牌。所谓的攻势防御，决战防御。它强调防御中必须有进攻，攻防结合，灵活运用，不断消耗和歼灭敌人，克敌制胜。

在开展阻击活动的同时，敌人除用炮轰击我阵地外，也组织过几次大的攻击活动，但都被我战士奋力击退。

一次，敌人动用约有两个排兵力，由侧翼向我阵地迂回偷袭过来。被眼尖的邱少云发现了迹象。

连长接到报告后，立即命令全连进入战斗状况，同时带领 5 名战士赶到警戒阵地一侧，埋伏在草丛里，进入射击位置后，美军已接进入我有效射程之中。看得清清楚楚的连长下令开火。重机枪首先开火，当场击毙越军多名。随后，全排投弹、射击。偷袭美军顿时笼罩在一片火海中。

美军偷袭不成立即转入强攻！在其火力支援下，以 2 个加强连分 3 路向 142 号高地攻击。冲在前面的美军连续投掷炸药包，其中 20 余人趁爆炸时烟雾跃入堑壕，随后一窝蜂似的向主阵地涌过来。

当他们气喘吁吁地进至我阵地前沿 20 米时，连长大喝一声："打"，顿时，密集的弹雨狂风暴雨般向美军倾泻。在密集的弹雨之下，美军不断地倒下，最后，美军扔下十几具尸体向后撤退。其后，美军在炮火的支援下再次发动进攻。美军的炮火打得很凶，步兵跟在炮火后面黑压压地涌上来。我们的一位排长壮烈牺牲。

邱少云和他的战友们亲眼看到和自己生死与共的排长惨死，个个气得浑身颤抖、两眼血红，再也不顾什么危险和隐蔽了——端着冲锋枪在战壕内左冲右突，对着美军一个劲地猛扫，枪管打红了，换一支再打，有的将手榴弹几个几个地捆成一捆，不停地往敌群内丢……阵地上战友们那声嘶力竭的喊杀声惊动了坑道里的重伤员，他们纷纷从坑道里爬出来，或换弹夹，或捆绑手榴弹，或按定向地雷，同阵地上的战友们一起投入了这场殊死搏斗……与此同时，我炮兵弹群适时到达，成百吨的炮弹不断地倾泻在小小的阵地前，泥土、残肢断臂掀得满天都是，然后纷纷扬扬地落下。一时间，美军的炮弹，我方的炮弹，双方士兵的弹雨在这小小的山头上互相交织。生与死往往就是一瞬间的事情，谁也无暇思考，也不容思考……在全体官兵的拼死搏杀、顽强抗击下，美军在我阵地前沿丢下了 80 多具尸体后，狼狈地退了下去——这次的攻击宣告失败。

与此同时，我们的部队也在不断组织小部队战斗。其中规模较大的是夜袭敌炮兵阵地。这一次由连长亲自带队。

一开始，对敌军炮兵阵地的具体位置，我军不知道，邱少云他们打阻击时，只知道敌军炮兵阵地在阻击阵地的后面。

敌人的阻击阵地，邱少云他们摸熟了。敌人的阻击兵也让他们打怕了。邱少云他们神不知鬼不觉地就通过了敌军的阻击阵地。

敌人的阻击阵地后面是一个狭窄的盆地，一条公路通往盆地。敌人的炮兵阵地就在这片狭窄的盆地里，公路上停着运炮弹的卡车。

敌人炮兵阵地有二十门火炮。邱少云看到，这些火炮已经做好了射击准备，几分钟之后，开始向我军阵地射击。一般情况，敌人夜里不射击，今天晚上不知他们发现了什么，十一点钟就打起炮来。邱少云估计是我们的小部队在行动，敌人进行炮火拦截。

邱少云不愿眼看敌人炮兵在自己眼皮底下射击自己的战友，希望连长现在就下令，冲击敌人炮兵。

连长在观察地形。现在的地形，打是好打，撤却难撤。冲下去容易，再冲上来就难了。因为枪一响，我军偷袭敌军炮兵阵地的意图就暴露了，他们一定会从山上向我偷袭部队射击。

根据这个情况，排连长下令："注意，摸进敌人炮兵阵地再打，五分钟解决战斗，从原路撤上山。要绝对听指挥！各班长到我这里来领任务！"

各班都领到了偷袭几门火炮的任务。

连长一挥手，各班像离弦之箭，奔向各自的目标。

十分钟后，各班都进入预定位置。

连长首先开枪，打死美军一个炮兵中尉。各班轻机枪、冲锋枪、手榴弹、手雷一起上，打的美军炮兵像没头苍蝇似的四处乱撞。

邱少云和他的战友们各自追着自己的目标打！阵地上喊杀声和惊叫声响成一片。

我军偷袭一开始，敌军炮击就停了，四周敌军马上意识到发生了什么事情，立即组织包围炮兵阵地并开始射击。

敌人炮兵阵地的人在乱跑，运炮弹的汽车在乱转，邱少云灵机一动，向装炮弹的汽车扔手雷。“轰”的一声，炸了！接着，炮弹被引爆，被炸飞的炮弹又引爆了一辆又一辆。敌军炮兵阵地，一片火海，二十多门火炮被炸毁了。

排长大喊一声：“撤！”

邱少云和他的战友们，跟着连长，撤出了敌人炮兵阵地。

向敌人炮兵阵地冲来的敌人，望着火海中的阵地，爆炸中的阵地，望着惨叫的炮兵，不敢冲进去，也不敢退。

就在敌军不知所措的时候，邱少云和他的战友由原路冲上山。

敌军组织拦截追击。拦截他们的是老对手，敌人的狙击手。敌军现在居高临下，对邱少云他们非常不利。

敌军狙击手射击很准，枪一响，就击中我几个战士。

邱少云和他的战友立即卧倒。

敌军狙击手继续射击，他们要用火力封锁邱少云和他的战友。

此刻，我军必须硬冲，冲回阵地，不惜一切代价！冲则生，不冲则死。

邱少云和他的战友，准备扔出一排手榴弹，然后，借着爆炸，冲过敌军狙击手封锁线。

突然，我军阵地枪声大作，指导员接应邱少云和他的战友来了！

邱少云和他的战友，一跃而起，冲回阵地。

夜袭取得了胜利。

像这样的战斗，1952年春季和夏季，我军打了不少。战斗规模虽然不大，但收获很大，我军积小胜为大胜，既巩固了我军的阵地，又挤占了不少中间地带。

我军在小部队战斗和阻击活动取得经验后，举行了战术反击。反击战斗很激烈，一个阵地往往反复争夺数次，我军打得英勇顽强，出现了许多英雄，其中杨春增和伍先华最为突出。

杨春增是副排长。8月5日，在进攻座首洞东南无名高地的战斗中，他的排八分钟就攻上山头，全歼守敌一个排。敌人疯狂反扑，他指挥打退敌人八次进攻。最后，阵地上只剩下他和牟元礼两个人，敌人又攻上来一百多人，杨春增手举最后一颗手雷冲入敌群，把敌人炸得粉碎。

伍先华是个班长。在官佑里西山战斗中，我军冲锋部队遭到敌人坑道机枪封锁，伍先华抱着五公斤重的炸药包扑向敌人的坑道口，与敌人同归于尽。我军突击队迅速攻上敌人阵地，全歼守敌。

邱少云认为，他们是朝鲜战场上的董存瑞。他们的英雄行为和董存瑞舍身炸碉堡是一样的。为了胜利，为了战友的生命，为了祖国安全和世界和平，他们献出了一切，献出了最宝贵的生命。从参军那一天起，邱少云就和每个战士一样，时时刻刻面临生与死的考验，每时每刻，都做好了牺牲的准备。

准备拼刺刀的时候，就是准备英勇献身的时候。

冒着枪林弹雨前进的时候，也是准备牺牲的时候。

争抢战斗任务要求参加突击队、敢死队、侦察队的时候，也就是准备英勇牺牲的时候。

从这个意义上讲，我们的每个战士都是英雄。但我们的战士不这么认为，他们认为只有像杨春增和伍先华这样的战士才是英雄。他们的牺牲是为了崇高的目的：为人民。他们的牺牲，在关键时刻，起到了关键作用，保障了战斗的胜利。他们的牺牲，表现出我们战士的大无畏的革命精神，表现出他们视纪律重于生命的精神。他们的牺牲使千百万战士和人民受到激励和鼓舞，使他们走英雄之路，成为英雄。

英雄使邱少云激动。

英雄的行为使邱少云思索。

英雄的崇高思想使邱少云的思想境界不断升华，走向成熟。

邱少云开始考虑申请入党，因为这些英雄大都是共产党员。

这年 10 月，邱少云所在连队，接受了一个十分艰巨的反击任务，邱少云在执行这个任务中，遇到了严峻的考验，那是任何一个英雄也没遇到过的考验。

这个任务是攻占平康、金化之间的三九一高地。这个高地，山势极为险要，狭长孤立，全长 1200 米，是伪九师有翼前哨阵地的主要支撑点，是敌人的耳目和屏障。这个高地突入我军阵地，直接威胁我军阵地的巩固和安全。

要完成这个任务是相当相当困难的。敌军在三九一高地驻有重兵，修筑了大量碉堡、工事和暗火力点，高地后面还有强大的炮兵阵地。这还不算，从我军阵地到敌军阵地前沿，还有 3000 开阔地！

3000 米开阔地呀！

怎么通过？

敌人阵地的火力随时都可以覆盖这 3000 米开阔地！

白天从这 3000 米开阔通过难！

夜晚，敌人的照明弹，把高地照得雪亮，和白天一样。

怎么通过啊？

难啊，太难了！

难，在调动人们的智慧；难，在激励敢于挑战的英雄。

冲过去，得牺牲多少战士？

难，引出了一条条一项项战斗方案。

难，在考验每一个人，特别是指挥员。

师长向守志在许多惊险的方案中，作出选择：派500人的潜伏部队，利用夜色，秘密进入开阔地，潜伏在敌军阵地前沿的茅草地中。这样既可避免伤亡，又可以增加进攻的突然性。

这个方案非常大胆。

这个方案比较科学、符合实际。

实施这个方案，需要在潜伏前在不惊动敌人的情况下进行侦察，摸清三九一高地的地形，摸清敌人明碉暗堡，制订周密的潜伏计划，并在最短的时间内练出适应在三九一高地潜伏的本领，保证潜伏部队在发起进攻前的二十几个小时内不暴露目标。

这个任务确实太难了，也太吸引人了。指战员从接受任务那一时刻起就处在非常兴奋之中。三九一高地一直威胁着我们的阵地，战士们早就想攻上去。

任务交给了邱少云所在的部队。干部、战士纷纷写请战书；要求参加侦察小队。

他对党的认识也在不断的加深。

党组织为邱少云的进步感到高兴，批准他参加侦察小队。

当天夜里，邱少云随部队上三九一高地。连长带队，朝鲜人民军的联络员随同前往。

邱少云和班长一个战斗小组。侦察小队悄悄摸到敌人阵地前沿。

邱少云发现敌人阵地前沿设置了铁丝网和胸墙，主阵地上，地堡、暗堡、连成一片。

敌人对这3000米开阔地不放心，隔个十来分钟就发射一颗照明弹，邱少云他们随时都有危险，稍不留神就会暴露。

通过侦察,邱少云认识到,潜伏部队动作不仅动作要快,而且绝对不能出一点声响。因为潜伏位置离敌人前沿只有五六十米,有点声音敌人就能听见。他还认识到,潜伏部队必须僵卧着一动不动,轻轻地蜷腿,敌人都可能发现,要想完成潜伏任务必须练成过硬的本领。

为完成潜伏任务，部队进行实战练习，并提出，参加潜伏部队要经过考核，考核合格后才能参加。

实战练习开始了，邱少云练的特别刻苦。中午休息地时候，他把潜伏用的炸药、爆破筒、手雷带上跑到野外单独练习，练怎样隐蔽不暴露目标。

邱少云有气管炎病，为了保证在潜伏中不出声音，他把烟戒了。

考核开始了，邱少云一项项的成绩都合格，特别是走路，别的战士八分钟才能通过的一段距离，他五分钟就通过了，而且脚步特别轻，轻得几乎听不出一点儿声音。

邱少云全面达到了潜伏的要求,作为“成绩优良”的战士被批准参加了潜伏部队,并且接受了发起冲击以后,扫清障碍的爆破任务。

为了准备得更加充分，部队又组织潜伏部队到三九一高地摸地形。邱少云因为担负扫清障碍的爆破任务，很想利用这最后的机会发现新的情况，特别是敌人的暗火力点、暗堡，所以他在侦察中总是想靠近些，再靠近些。

敌人还在不断地搞火力侦察。对敌人这一套，邱少云已经熟悉了，并不在意。引起他注意的是敌人的哨兵增加了，除岗哨之外，还有游动哨，游动哨的活动范围很大。

平时多动脑，战时少流血。

这是个新动向，邱少云记下了。

邱少云继续观察敌人火力点，这时，新情况出现了：敌人的游动哨到开阔地游动起来，一个军官模样的家伙指着邱少云潜伏的位置，让游动哨往那游动！

潜伏为了胜利

观察所中的首长看到了这一幕，他们为邱少云捏了一把汗，为整个侦察部队捏一把汗，为整个潜伏和反击捏一把汗：此刻绝不能让敌人觉察我军的意图，否则会失去行动的突然性。

指导员也为邱少云捏了一把汗，虽然邱少云潜伏考核成绩优良，但是现在这种情况出乎意料，邱少云绝不能暴露目标，可是敌人若是踩到他身上怎么办？

班长急出一身汗，邱少云是太靠近敌人了，一旦敌人发现邱少云，打还是不打？打，要暴露目标；不打，不打也要暴露目标吗？敌人不被打死，要喊，要打死这个敌人，敌军马上就会发现，那侦察部队很难撤下去，整个反击，潜伏就要受影响！怎么办？必须快作决断。

邱少云一动不动，紧盯着敌人，他没有思索打还是不打，他想的是不到万不得已绝不动，不暴露目标。如果敌人不停顿，直朝自己走来，盲目地走来，没有发现他，想办法使他造成错觉，改变方向。想什么办法呢？

起风了。

邱少云隐蔽的地方茅草齐胸，一大片茅草随风起舞，草动不会引起敌人怀疑，邱少云利用了这个机会，悄悄地移动了位置。这些天的功夫没有白练，他没出一点儿声响。

敌人从他的身旁搜索过去，没有发现他。

风使邱少云化险为夷。侦察小队撤下来后，班长说："可把我急坏了，没想到你还会借东风!"指导员拍了拍邱少云的肩膀问他："假如没有风，你怎么办?"他虽然问的是邱少云，心里也在问自己。

这是问题的关键，在战场上，这样可随时利用的机会实在是太少了。

在观察所的首长也在思索这个问题。首长想：必须马上拿出办法对付邱少云遇到的这种情况，因为明天潜伏部队就要开始行动。

"造成敌人错觉。"面对指导员，邱少云说出了自己当时的想法。指导员很感兴趣，问："你用什么办法造成敌人的错觉?"

邱少云说："我还没想出来就起风了，风能使敌人产生错觉，我马上利用了风吹草动。"

指导员心里仍然是沉甸甸的，打仗毕竟不能靠这种侥幸的机会呀!

其实，战场上的变数太大，任何细致周密的计划都不能说做到无懈可击。战斗的本身就是一种冒险活动，万一发现突然的情况，真正靠得上的还是战士应变能力、坚忍不拔的毅力和超乎常人的坚强意志。像目前这种局面，哪怕是你有非凡的军事才能恐也很难想出个万全之策来的。

师长亲自对这次担任潜伏任务的战士讲道："你们这支部队，是具有光荣传统的部队，从抗日战争，解放战争到抗美援朝战争，你们像一把打不扁、砸不烂的大铜锤，打到哪里，哪里的敌人就头破血流；锤到哪里，哪里的敌人就土崩瓦解。这次，你们也一定能完成潜伏任务，把三九一高地上的敌人锤个稀巴烂！”

战士们回答：“保持光荣传统，完成潜伏反击任务！”

“三九一”高地在上甘岭右翼铁源东北10余公里处，地处平康和金化之间，是一个方圆十几里的制高点。因为它海拔391米，所以在军事上被称为“三九一”高地。

“三九一”高地东边的上焦山无名高地和西边的“394.8”高地，已被我军占领。如果将它攻下，我军的战略纵深随之扩大，整条战线将形成一体，使我军首尾一致，进退自如。对敌军造成极大的被动，军事优势将在我军阵地迅速形成。

师指挥部决定无疑是正确的，利用“三九一”高地前的大片蒿草作隐蔽，在发起攻击的前一天晚上，将数倍于敌人的兵力潜伏到敌人的前沿。到时候，潜伏部队战士会以迅雷不及掩耳之势扑向敌人，这样就肯定增加了胜利的把握。

当然，这也是一招险棋；因为在敌人的眼皮底下隐蔽几百个战士，困难可想而知：几百人在敌人眼皮底下隐蔽20多个小时，不管是风吹雨打，日晒虫咬都不能挪动，不能发出任何响声，非常不容易，一旦暴露目标，就有可能全军覆没。

为确保这项艰巨任务的完成，邱少云和战友们虽然曾经进行了全方位的演练，尽可能的全面归纳经验，设想过各种各样的会突然出现的问题。他们也曾从开阔地上带回些草来，扎成各种各样的伪装网披在身上进行试验，看哪种草不容易被敌人发现，哪种草不易枯黄。他们还设想碰到的各种情况，比如瞌睡了怎么办？吃口辣椒刺激刺激；想咳嗽了怎么办？嚼口野草，或头埋进挖好的土坑里；虫子咬怎么办？用小布条扎紧袖口、裤脚。战士们之间怎样联络？学鸟叫、虫叫、蛙叫，代表各种信号。

可是，这和实战毕竟还是有着很大距离的。大家都在焦急而又兴奋地等待着。

与此同时，连队的政治思想工作也做到了每一个战士的心上。叫大家明白：就这次活动成功和失败的概率几乎是同等的。潜伏得好，我五百健儿如猛虎下山、蛟龙出海，对敌人疾风骤雨的奔袭将势如破竹，横扫敌阵若摧枯拉朽；反之，就意味着五百壮士的集体殉难，给我军造成很大的被动。这就要求大家在认识上提高到一切服从大局的高度。

战斗前的准备工作紧张地进行着。这天晚上，夜已经很深了，指导员躺在床上翻来覆去怎么也睡不着，琢磨着还有什么问题没有想到。他想着想着，索性一骨碌爬起来，想到外面转转。刚走出坑道，就远远看见三班的坑道里还有亮光。走近一看，只见邱少云正伏在桌上聚精会神地写着什么。邱少云一抬头，见指导员来了，赶紧站起来问道："指导员，您还没睡？"

"战士还没有睡，我这个指导员怎么能睡得着呢？"接着指导员又问："小邱，这么晚，还在写什么呀？"

邱少云拿起自己写好的东西，递给指导员，说："指导员，请你给我看一看！"说着，往灯里又添了些油，坑道里顿时亮了许多。指导员接过来一看，原来是入党申请书：

亲爱的党支部：

有了毛主席和伟大的中国共产党，才有受剥削、受压迫人民的翻身解放。为了实现党的最终目的共产主义，我要求参加中国共产党，希望党在反击三九一高地的战斗中，把最艰苦的任务交给我、考验我。我保证服从命令听指挥。潜伏的时候，就是被敌人打中，也不动一下。假使我牺牲了，希望党组织能承认我为共产党员。为了战斗的胜利，我愿意献出自己的一切。

邱少云就是带着这样的决心投入了战斗。

1950年10月11日晚,500名战士集结在阵地前。他们就要出发了。师长亲自检查了战士们的伪装,并进行了战前动员。他说:“潜伏,是决定这一仗成败的关键;潜伏成功了,胜利就攥在我们手里。他要求每一个战士都要以无比的顽强去战胜困难。他还强调,完成这样的潜伏任务,纪律特别重要。纪律和生命,和胜利联系在一起。”

深秋的朝鲜,夜风一吹,透骨的冰凉,不时传来敌人哨兵巡逻发出的“咔嚓咔嚓”的皮靴声。邱少云和战友们静静地伏在草地中。为了不使自己打瞌睡,他把几个辣椒塞进嘴里,两眼紧盯着黑黝黝的高地。

黑夜熬过来了。天刚刚亮战士们就看到高地上一层层的铁丝网和一簇簇的地堡群。一挺机枪从地堡那牛眼似的射孔里直冲着山下战士们潜伏的开阔地。山脊上交通壕里,持枪的敌人在来回走动,还不时的拿起望远镜朝山下观察。在湿湿的草丛里趴了一夜,战士们觉得浑身又冷又酸,多想爬起来伸个懒腰,活动活动身子。可是,动不得,动一动,敌人就会立刻发现。

太阳慢慢升起来了,趴在草丛中使人感到烦闷燥热,蚂蚁、蚯蚓等昆虫活跃起来,从裤筒里使劲往里钻,痒得人难受。

上午10点多钟,李伪军的一个班钻出了地堡,急匆匆地朝邱少云他们潜伏的方向走来。空气突然紧张起来。是谁暴露了目标?邱少云四处观察了一下,没有什么动静。他明白了,天亮了,大概几个伪军下山来提水洗脸。突然,有两个战士被敌人发现了。敌人像触电似的吓得脸色煞白,退了两步,胡乱打了一梭子弹,扭头向山顶跑去。

情况万分危急。敌人一旦逃回工事,疯狂的敌人立刻就会扑下山来,猛轰开阔地,500名战士的生命就会受到威胁,我军的作战计划就会前功尽弃。就在这紧急的时刻,突然,轰!轰!轰!我方阵地上飞出一连串的炮弹,把敌人拦截在半山腰。邱少云和战士们相视而笑。打得真好!他们感到身后有着强大的后盾,潜伏一定成功。

邱少云潜伏在三九一高地东边距离山脚只有六十米的一条杂草丛生的土坎边。

邱少云观察，那一层层的铁丝网没有变，胸墙没有变，主阵地上的明碉暗堡和火力点都没有变。持枪的哨兵在交通壕里来回走动，军官不时用望远镜观察。

敌人在低声交谈，邱少云不懂英语，如果他能听懂的话，会听出那是守敌在通过报话机和他们的指挥机关联系，通报3000米开阔地的情况。

这潜伏区是夜间侦察过的，应该说比较熟悉。但现在和夜间观察的感觉不一样。现在他觉得这个潜伏区并不是十分隐蔽的。潜伏区离敌人太近，正像邱少云能清楚地看到敌人的哨兵和军官一样，敌人居高临下，也很容易发现我军潜伏部队。邱少云能清楚地听见敌人的谈话声，同样，敌人对潜伏区出现的声响也能听得清清楚楚。

现在潜伏区没风，茅草像凝固了一样，一动不动，此刻，我们的战士哪怕仅仅稍微活动一下腿脚，都有可能被敌人肉眼发现，何况他们还使用望远镜！我们的战士必须僵卧不动，像雕塑一样。

潜伏区除我们的潜伏战士之外，没有任何出声的东西，我军发出极低的咳嗽声，敌人都可能听见，我军必须绝对不出一点儿声响。

潜伏区并不是十分隐蔽，邱少云意识到现在全靠身上的伪装掩护了。他从荒草缝隙里窥看一下前面，班长和几个战友都伏在枯黄的茅草里，他们的身上披着厚厚的茅草伪装，不走近看，很难发现他们。他们比邱少云离敌人还近，非常沉着自信。邱少云看着他们，心里踏实了许多。转过脸，邱少云看伏在他身边不远的李元兴，他伪装隐蔽得更好，相隔这么近，邱少云几乎没有找到他。李元兴是邱少云的亲密战友，后来成长为二级英雄。他也在观察潜伏中的邱少云，觉得邱少云伪装隐蔽得最好，远看像堆茅草，近看还是像堆茅草。

尽管这样，邱少云还是觉得敌人的哨兵和用望远镜观察的军官是很大的威胁，特别是那个军官！

我军开始炮轰三九一高地。

邱少云觉得我们的炮弹像长了眼似的，把邱少云侦察出的明碉暗堡炸了个遍，敌人的地堡一个接一个被掀翻，木头、碎石和敌人的尸体满天飞舞。

敌军哨兵龟缩进了工事，用望远镜观察的军官也躲进了隐蔽洞。邱少云真想拍手叫好，我们的炮打得太准了！我们的炮兵不但为我军晚上的突击打开了道路，而且直接保证了我潜伏部队的安全！

邱少云看着三九一高地被我军炮火轰击，心里一方面是高兴，一方面有些急躁，他真想让太阳这时候落山，他好和战友们借着炮火炸起的烟雾冲上去。

可是太阳好像喜欢高悬观战，不想落山。

阳光越来越足，邱少云感到燥热。蚂蚁、蛐蜒等小昆虫仍持续不断拼命往战士们的衣裤里钻，而且比刚开始时更加肆无忌惮，这是因为战士们一动不动，不会对它们产生丝毫的威胁，它们才敢有恃无恐的；那是一种非常难受而又无奈的折磨。邱少云的裤筒扎得紧紧的，蚂蚁还是钻了进去，它们大概把邱少云的身体当成了动物的尸体了，不光爬，而且还开始嗜咬起来，一时间，痒痛交织，很难形容出是一种什么滋味。

邱少云任它们在周身漫游，任它们闹腾的倒海翻江，仍然是一动不动。

敌人派出一个班下高地搜索。

潜伏区陡然紧张起来。

敌人边搜索边扫射。

中弹的战士捂住伤口，一声不吭！

观察所的首长再次命令炮兵射击。刹那间，担任搜索的敌人血肉横飞，全部被歼。我军炮火在三九一高地的东山坡筑起了一道火墙，截住了敌人，再一次将敌人全歼在山腰间。

邱少云松了一口气。他看到，在这非常时刻，500潜伏战士都严守潜伏纪律，大家都在以坚强的毅力来抵御着身体上来自多方面的不适，一动不动，像是一群没有感觉的雕像。

在这非常时刻，邱少云还观察到，三九一高地上的敌人怕我军炮火轰击下哨兵和军官都不敢再露头。我军的炮击，准确而及时的炮击，保住了我军潜伏的秘密。

敌人怕了，既不敢在阵地上露头露脸，也不敢再派兵出地堡搜索。

但是，他们对这3000开阔地还是不放心。半个小时之后，敌人派一架侦察机到潜伏区上空盘旋，跟着又派出四架轰炸机抵达潜伏区上空。三九一高地上的敌人向潜伏区打了两发指示目标的烟幕弹，浓烟刚起，燃烧弹就从飞机上扔下来。潜伏区数处燃起大火，野草噼啪爆响，火苗子砰呼地蔓延。这是敌人的“火力搜索”。幸好潜伏战士间隔距离较大，燃烧的地方是个别的，暂时还没有出现战士被烧着的情况。潜伏战士还是一动不动地僵卧着。

突然，三九一高地又射出一发烟幕弹，在邱少云、李元兴附近爆炸，接着一排排炮弹横空飞来。

这一排排炮弹，炸飞了碎石，燃起了大火，击伤了潜伏战士，战士们知道敌人这种火力警戒也包含着火力侦察，他们默默地忍受伤痛和火烤，依然一动不动。

敌人无法判断这3000米开阔地到底有没有潜伏部队。

面对潜伏区齐胸深的枯草，敌人决定再搞一次燃烧弹搜索，于是又把燃烧弹飞落潜伏区。其中一颗落在离邱少云两米远的草地上，飞迸的燃烧液溅到邱少云的左腿上，引燃了腿上的伪装枯草，火苗“腾”地窜起！

李元兴面前也是一伸一伸的火苗子，他前面是不长草的乱石堆，所以火没烧着他。忽然，一阵浓烈的棉布焦臭味钻进了他的鼻子，他扭头一看，一片烈火烧到了邱少云身边，邱少云的棉衣已经烧着了，浑身上下“噗噗”地向上蹿着火苗，火苗趁着风势，连成一团烈火，把邱少云包围了。

这时候，三九一高地上的敌人胆子壮了，从工事里爬了出来，从隐蔽洞里钻了出来，观察阵地前沿的3000米开阔地。他们最怕在他们眼皮底下隐蔽着我们的潜伏部队。他们用望远镜观察着燃烧的草地，搜索着他们认为可疑的目标。

看到邱少云被烈火包围，李元兴和邱少云身旁的战友一样，心情一下子紧张起来。怎么办？李元兴想。卧在邱少云附近的战友任何一个跳过去，把邱少云从火里拉出来，扯掉他身上着火的军衣，都能挽救他的生命。可是，这样一来，潜伏部队就会被敌人发现，我们的潜伏反击计划就要完全落空。

这时候，如果邱少云迅速从火堆里跳出来，就地打几个滚，也可以把火压灭。可是，这样一来，不但他暴露了，整个 500 潜伏战士也会暴露，对这一选择，邱少云根本不曾想，他咬紧牙关，僵卧在那里。

烈火"呼呼"地燃烧，邱少云的棉军衣在烈火中烧成灰片，邱少云的脸上滚动着豆粒大的汗珠。李元兴能体会此时此刻邱少云忍受着怎样的痛苦，火苗子靠近，脸部火辣辣地疼，何况全身都在烈火之中！李元兴的心紧缩起来，他担心邱少云会在实在忍受不住的情况下突然跳起来，或者突然叫喊出声来。邱少云此时此刻的一举一动都关系到 500 战友的生命，关系到整个潜伏反击行动。

邱少云后面有条水沟，只要他后退几步，在泥水里打几个滚，也可以把火扑灭。可是火苗一移动，敌人就会发现。对于这种选择，邱少云根本不曾想过。

烈火烧到邱少云头上，邱少云到了生死关头！李元兴怀着紧张焦虑的心情，看着邱少云，几次扭回头，他不忍眼看着战友活活被火烧死，但是，他又不能不看，忍不住不看，他的心像刀绞一般。

几分钟过去了，烈火熊熊，邱少云成了火人。李元兴看见邱少云呼呼直喘气，但不出一点声响，他僵卧着，纹丝不动，像燃烧着的雕像。

李元兴和邱少云的眼光相遇了，邱少云的眼光坚毅沉着，那眼神似乎在对自己的战友说："不用为我担心，我能挺得住。"

李元兴望着烈火中的邱少云，望着忍受着烈火焚烧的邱少云，心一阵阵紧缩：邱少云在用自己的生命保卫 500 战友！

指挥员望着岿然不动的邱少云，心情沉重：邱少云在用自己的生命保证潜伏反击作战的胜利。这位视纪律高于生命的战士将要为中国人民和朝鲜人民的事业，献出一切！

烈火趁着风势在草地上蔓延，三九一高地上的敌人虽然没有发现任何可疑的迹象，仍然向潜伏区射击。

流弹击中了一个又一个战士。火焰又烧着了一个个潜伏战士！烈火在考验着每一个潜伏战士！

十分钟过去了，邱少云在烈火中坚持着，仍然一动不动。

剧烈疼痛使邱少云昏迷了，战友和指挥员的心一下子又悬了起来，邱少云已经失去知觉，若在昏迷中呻吟起来马上会暴露。

昏迷中的邱少云却在朦胧中感到：太阳急速落下，我军万炮齐鸣，三九一高地被炸得烟雾迷蒙。他从地上一跃而起，向敌人主阵地的暗火力点冲去。他的步子快极了，像飞一样；他的身子轻极了，像要飞起来。他把一根根爆破筒插入一个个暗堡的射孔，然后又向前飞跑。

他觉得潜伏的500战友也在向前飞跑，向前飞。

敌人像潮水似的后退，我军的坦克在向前奔驰，火箭炮在急速射击，轰炸机在轮番向敌军轰炸。

敌军阵地变成了火海。

他在向前飞跑，向前飞。

500战友都在向前飞跑，向前飞。

在昏迷中，他的思维突破了时空。

他走进一个挂着鲜红党旗的地方。党旗下站着师长和指导员。指导员举着右手、握拳，带领许许多多新党员宣誓。

他站在后面，庄严地举起右手、握拳。他在心里宣誓：“为了实现共产主义，为了战斗的胜利，我愿意献出自己的一切！”

师长走到他面前，对他说：“这次任务十分艰巨、重大，每一个战士都要时刻想到整体，在任何情况下，都不能暴露目标。”

他说：“首长放心，为了战斗的胜利，为了朝鲜人民的解放，我什么都能挺得住！”

指导员走到他面前说：“要顶住！”

班长、战友们、朝鲜老人、朝鲜孩子、阿福、爸爸、妈妈、弟弟依次走到他面前，他们都在对他说："要顶住！"

在昏迷中，他的神思继续飞翔。

他走进北京天安门，和许许多多战友一起向城楼走去。彭总在城楼上，毛主席也在城楼上，向他们招手……

剧烈的痛苦使他从昏迷中醒过来。在烈火中，他又看到了依然高悬的太阳，邱少云知道自己方才做了一个美丽的梦。

战友们一直在盯着他，见他一直咬紧牙关没有哼一声。

观察所的首长，看到了这一幕，双手捏得紧紧的。

烈火依然在熊熊燃烧。

火舌"呼呼"地卷着草地，舔着邱少云的脸。

邱少云的汗水已经被烧干。脸的颜色和烈火一样。每根神经都在被烧灼。身体被烧得"吱吱"作响。每秒钟都是更为严峻的考验。

从潜伏开始，邱少云就把爆破筒压在身下，防止雷管遇火爆炸。现在，他还是紧紧地压在身下，死死的压在身下。不管烈火把他烧到什么程度，他都要保证能够完成潜伏后的爆破任务。

从潜伏开始，他右手就紧握冲锋枪，现在依然紧握。冲锋枪已被烧得滚烫，他依然紧握。不管烈火把他烧到什么程度，他都要随时准备战斗。

从潜伏开始，他就保持着一种随时准备跃起冲锋得姿势，现在还是保持这种姿势。他时刻准备着，当发起总攻得信号弹时，和战友们一道冲上三九一高地！

烈火烧着了邱少云的帽子。帽子和他身上的衣服一样，很快就被烧成了灰片片，被滚动的火舌卷走。

烈火更加凶猛，邱少云昂着头，咬紧牙关圆睁着双眼，跟万箭钻心的疼痛拼死抗争，不管这疼痛如何一浪高过一浪，依然保持随时跃起冲锋的姿势！

眼前冒金花，眼前又一次变黑，邱少云第二次昏迷。这次昏迷时间更短，烈火马上又把他烧醒，邱少云牙关咬得死死的，不出一点儿声响。

他又一次看见太阳，看见战友。

突然，邱少云的眼神凝固了……

烈火在邱少云身上一直烧了半个多钟头才渐渐熄灭；这位伟大的战士，一直到牺牲的最后一息，都没发出哪怕是极轻微的一声呻吟！

为了500名战友的生命，为了战斗的胜利，邱少云献出了自己年轻的生命。在观察所中观察的首长，脱下了军帽。战友们难过地闭上了眼睛……

下午五点三十分，攻击时刻到了！500战士随着我军速射的炮火冲上三九一高地！

“冲啊！为邱少云报仇！”的吼声响彻三九一高地，仅十四分钟，就全歼守敌！

他们永远忘不了那一天——

1952年10月12日。

得道多助

邱少云为了全局，在烈火中成就辉煌；其英雄事迹很快传遍了整个朝鲜战场。大家学英雄，立战功，在志愿军广大干部战士中形成风气。接着就爆发了举世闻名的上甘岭战役，为全面夺取战争的胜利奠定了基础。

上甘岭位于中国人民志愿军防线中部，在金化以北，背靠海拔1000米以上的战略要点五圣山，由上甘岭向南延伸的597.9高地和537.7高地北山，是志愿军在五圣山地区最突出的前沿阵地，面积只有3.7平方千米，由第15军两个连队防守，楔入“联合国军”防线。1952年10月，“联合国军”在停战谈判桌上要挟不成，便停止谈判，发动“金化攻势”，向中朝方面施加军事压力。

所谓金化攻势，就是首先夺取志愿军两个前沿高地，进而夺取五圣山，控制中部制高点，割裂志愿军防线，迫使志愿军后退。10月14日3时，美军第七师在300门大炮、30辆坦克、40架飞机支援下，向597.9高地和537.7高地北山发起猛攻，一天内发射炮弹30万发，投掷炸弹500多枚，阵地全被炸毁，志愿军两个连队于午后转入坑道，表面阵地被美军占领。天黑后，志愿军进行反击，又将阵地夺回。如此反复争夺，直到10月20日。在19日向597.9高地的反击中，志愿军通信员黄继光以邱少云为榜样，奋力扑向对方火力点，以自己的身体堵住正在发射的机枪，为反击分队开辟了道路，壮烈牺牲。10月21日，志愿军转入坑道坚守，在纵深炮火支援下，不断从坑道内向外出击，防止对方破坏坑道，不让对方巩固占领表面阵地。坚守坑道的分队在缺水、缺粮、缺氧、缺药、缺弹等困难条件下，以邱少云为榜样，发扬革命英雄主义气概，粉碎了敌军的多次围攻、爆破和熏烧，度过了10个难以想象的日日夜夜，一直坚持到30日。志愿军经过周密准备，于30日21时发起反击，歼灭美军4个营，恢复了表面阵地。此后，双方再次展开反复争夺，“联合国军”每天以1个营至1个团的兵力，发动几次至十几次的进攻，发射炮弹几万至十几万发，志愿军不断以后续部队增援，巩固地控制着597.9高地。537.7高地北山的战斗，则一直持续到11月25日，美军终于停止进攻。上甘岭战役历时43天，“联合国军”共投入6万多兵力，出动飞机3000多架次，伤亡2.5万人，志愿军参战兵力4万多人，伤亡1.15万人。在中外战争史上，创造了一次战役在3.7平方千米的狭小阵地上，投入兵力最多、发射炮弹、炸弹最多、持续时间最长、伤亡最大等多项世界记录，充分显示了中国人民志愿军的大无畏精神和防御的稳定性。

正是因为有了成千上万邱少云、黄继光这样英雄的战士，中国人民志愿军和朝鲜人民军越战越强，到1953年春，相对掌握了战场主动权，停战谈判有所进展。为配合谈判，改善态势，锻炼部队，中朝方面决定于5月中旬发起夏季反击战役。全战役分为三个阶段，前两个阶段规模较小，多为战术性反击。至6月中旬，停战谈判已达成协议，只待双方签字，但南朝鲜方面却阻挠停战，扬言要“单独干”。中朝方面为打击南朝鲜军，促进停战早日实现，决定实施战役第三阶段，将打击重点由美军改为南朝鲜军，主要进攻方向为战线东部金化以南地区南朝鲜军4个师扼守的阵地。经过周密准备，7月13日21时，志愿军第二十兵团指挥第六十、第六十七、第六十八、第五十四、第二十一军，分为东、中、西三个集团，向南朝鲜军首都师和第六、第八、第三师约25千米宽的防御正面发起强大攻势，1100门大炮进行火力急袭，步兵冒着滂沱大雨冲锋向前，一个小时即全线突破，迅速向纵深渗透迂回。

第六十八军第二零三师第六零七团侦察排副排长杨育才率领一个班，化装成南朝鲜军，机智灵活，一直插到南朝鲜军首都师第一团团部所在地二青洞，出其不意地消灭了团部，缴获了南朝鲜总统李承晚命名该团为“白虎团”的团旗，打乱了该团及首都师指挥系统，使其更加混乱。与此同时，在其他正面的志愿军和朝鲜人民军部队，也各向当面的“联合国军”发起进攻，策应第二十兵团作战。14日拂晓后，乌云低垂，大雨如注，对方空军无法出动，志愿军第二十兵团各突击集团正好乘机扩大战果，至16日，向南推进约20千米，因道路泥泞，洪水暴发，炮兵支援，后勤供应和通信联络都发生困难，遂停止前进，转为巩固既得阵地。从17日起，“联合国军”集中美军第三师和南朝鲜军第五、第七、第九、第十一师，在大量飞机、坦克、火炮掩护下，进行猛烈反攻，志愿军备集团顽强防御，至26日，击退“联合国军”1个营至6个团兵力的连续进攻1000多次，除东集团所占黑云吐岭、白岩山、867高地等最为突出，背后有金城川相隔，不便支援的几处阵地，因态势不利而撤出外，大部阵地都屹然未动。此役共歼灭“联合国军”7.8万人，缴获坦克45辆、火炮423门，扩大阵地178平方千米。7月27日，双方签署停战协定。历时三年零一个月的朝鲜战争至此结束。中国人民志愿军入朝参战两年零九个月，圆满完成了祖国人民所赋予的抗美援朝、保家卫国的神圣使命。

“得道多助，失道寡助”，历史再一次印证了中国这句古话。

在朝鲜战场上，手中握有比第二次世界大战时更强大军事力量的“联合国军”司令麦克阿瑟，却成了中朝军队的手下败将。年已古稀的麦克阿瑟恼羞成怒，发誓要摧毁远东的共产主义堡垒。为此，他飞赴台湾与蒋介石握手，狂妄叫嚣台湾是“实施进攻战略的不沉的航空母舰”，公开呼吁进行一场全面战争，直至被总统杜鲁门一脚踢开。

他不服，他憋气；但是他哪里会明白，朝鲜战争胜利的天平之所以向着中朝这边倾斜，在很大程度上就是因为拥有了千百万邱少云这样勇于献身的人民英雄。

他们这种为了大局牺牲自我的大无畏英雄气概是足以战胜任何敌人的。

永生的榜样

10 月 26 日，在举世闻名的上甘岭战役的决定性反击之前，志愿军政治部组织了在反击战中涌现的英雄人物事迹报告团，由第四十五师师长崔建功带领到各部队作巡回报告。一时邱少云的英雄事迹传颂在前线的各个角落，给憋足了劲的战士们的心中又添了一把火，邱少云的英雄事迹鼓舞了更多的战士成为英雄。

这个巡回报告拉开了学习英雄邱少云的活动序幕。从那以后直到今天，我国学习邱少云的活动不断深入，产生了巨大影响。

战后，所在部队党委追认他为中国共产党党员，并追授“模范青年团员”称号。中国人民志愿军总部给他追记特等功，追授他“一级英雄”称号。朝鲜民主主义人民共和国最高人民会议常任委员会追授他“朝鲜民主主义人民共和国英雄”称号和金星奖章、一级国旗勋章。

在已经选入教科书《我的战友邱少云》中：他的战友，二级英雄李元兴回忆道：

“我又轻轻地转过脸来，看了看伏在我身边不远处的邱少云同志，他伪装隐蔽得更好，相隔这么近，我都几乎没找到他。这个青年同志就是这样使人喜爱，别看他平时沉默寡言的，可是不论在工作上、战斗上从来不用别人替他操心。

忽然一阵浓厚的棉布焦臭味钻进我的鼻子，我扭头上看，啊呀！一片烈火烧到了邱少云同志的身边，他的棉衣已经烧着了，浑身上下烘烘地向上蹿着火苗，看样子是溅上了燃烧弹的油液，火苗趁着风势，很快就连结成一团烈火，整个儿把他也围了。

在这个时候，他如果迅速地从火堆里跳出来，并且就地打几个滚身，是可以把身上的人熄灭的；如果我们卧在他附近的人们，任何一个人跳过去从火里把他拉出来，并且扯掉他着火的军衣，也能够救出自己的战友。但是这样一来，我们就会被山头上敌人的哨兵发觉，那么，就不仅是我们这一个班要就地牺牲在这里，也不仅仅是埋伏在我们身后的整个潜伏部队要受到严重的损失，而更重要的是我们准备了好久的这次作战计划就要完全落空。

我的心紧缩着，我担心这个年轻的战士会在实在忍耐不住的情况下突然跳起来，或者突然叫喊出声来，那么，我们全班、我们全体潜伏部队，我们的反击计划……就一切都完了！毫无代价地完了。

‘邱少云呀！我的好同志！你千万……’

我怀着紧张的心情，在等待着那个不堪设想的结局，当时我想，这个命运是注定了。当大火在身上燃烧的时候，谁能忍得住那种痛苦而不哼一声呢！

烈火在我的战友身上一直烧了半个多钟头才渐渐地熄灭了。这个伟大的战士，一直到牺牲前的最后一息他都没有发出哪怕是极轻微的一声呻吟，他像一座千斤巨石似的伏在地上纹丝没动。

为了全体战友的生命，为了战斗的胜利，我的战友邱少云同志战胜了烈火的考验：使自己成了英雄！”

战友的追忆，无限的思念；有感情上的哀怨缠绵，有大境界上的恢弘意愿。英雄没有死去，不应该也不会死去，天地有正气，世界要和平，人类社会的进步需要英雄的献身精神！为追求这种人类的大智、大勇、大美。

早在 1952 年 12 月 4 日的《人民日报》就刊登了当时的战地记者郑大藩同志滴泪泣血的文章《伟大的战士邱少云》：

在金化以西三九一高地的反击战中，出现了一位为了胜利、保全整体而牺牲自己的伟大战士邱少云。

10 月 11 日，邱少云和他的战友奉命到离敌人阵地很近的地方去潜伏，等到第二天傍晚发起战斗，以便突然地去消灭敌人。

他们潜伏的地方是在敌人盘踞着的三九一高地的山坡上，又没有隐蔽身体的地形和树木。昨天，从这里飞起一只野鸡，还惹得敌人打了半天枪炮呢！现在要他们在这样一个地方隐蔽二十多个钟头，不让敌人发现，这是极不容易的事情。在战士们出发以前，部队首长特地对他们讲：“你们这次去潜伏，要靠巧妙的伪装，要靠沉着，更重要的是要遵守潜伏纪律。哪怕有人被敌人子弹打中了，也不能暴露目标。”战士们同声回答说：“请首长放心，为了祖国，为了胜利，为了中朝人民，在任何情况下也要潜伏好，完成战斗任务。”

天黑以后，战士们秘密地摸到了潜伏地。他们三个一组，四个一组的分散开来，潜藏在茅草中。每个人从头到脚都插上了野草，伪装得像山坡上的草一样，凉风吹过，人身上的草和地上的草一同摆动，显不出一点儿痕迹。他们还可以清楚地看到从地堡枪眼里伸出来的敌人机枪筒和瞭望孔缩头缩脑向外张望的面孔，有时，敌人讲话的声音也能清楚地听到。

时间一分一秒地过去。到第二天十一点钟的时候，敌人盲目发射的一颗燃烧弹突然落在邱少云身边，并且烧着了他身上的野草。这时，他要站起来是完全可以扑灭身上的火苗的。但是，邱少云深切的懂得，要是这样做，就会被山顶上的敌人发觉，潜伏在这里的几十位战友就有被消灭的危险，原定的战斗计划也就不能完成。我军阵地上的指挥员看到潜伏地冒起了烟火，连忙命令炮兵向敌人轰击，扰乱敌人的注意力。这时候，邱少云还是没有爬起来扑灭自己身上的火焰。火焰已经延烧到了他的头上。在这个生死关头，邱少云紧握着压满子弹的冲锋枪，看看前面不远的敌人，很想冲上去和敌人拼了，但是他没有这样做。烈火继续在燃烧着，烧烂了邱少云的皮肤。邱少云忍受着难以想象的肉体痛苦，咬着牙，把两手深深地插入泥土。然后猛地抬起头来，用微弱的声音向离他最近的战友李士虎说："胜利是我们的，但是我不能完成爆破任务了，这个任务交给你去完成吧！"说完，他又痛苦地把被烈火烧着的身体更紧地贴到地上，一直到牺牲时，也没动一下。

烈火烧了二十多分钟，直到邱少云牺牲后，烈火才熄灭了。

我们的英雄邱少云就是这样地以超人的意志力，为祖国为整体、为胜利而忍受了肉体的苦痛，以致到最后献出自己的宝贵生命。

潜伏在这一片草丛里的几十位战士，都亲眼看到了这件事情的经过。烈火烧在邱少云身上，就像烧在他们的心上。他们被邱少云的伟大精神感动得流出了热泪。但是他们也和邱少云一样，为了不暴露目标，也不能够去救援自己的战友。他们忍受着心灵上的痛苦，等待着战斗时刻的到来。

和邱少云相距三公尺远的李士虎脸上也被烈火烧起了血泡，只是他在来时因过河把全身棉衣湿透了，身上才没有被烈火烧着。当烈火燃烧着邱少云的时候，他一直眼睁睁地看着他，看到了邱少云的头发烧着了，棉衣烧着了，他听到邱少云的皮肤被烈火烧得“嗤嗤”地发响，他闻到了邱少云的身体被烧成枯焦的气味，他眼睛里冒着火星，急得咬破了嘴唇，几次本能地想爬起来去扑灭战友身上的火，但是他和邱少云一样，和潜伏在那里所有的战友们一样——想到了整体，想到整个战斗的胜利。于是，他忍受着内心的痛苦，焦急地期待着复仇的信号。

邱少云是伟大的战士。而邱少云的战友，也不愧为我们祖国值得骄傲和自豪的子弟。他们深深地领会了、并且在最最艰危的情况下执行了军事上的信条光荣地牺牲个体、争取整个战斗的胜利。

勇士们盼望的时刻终于来到了。敌人的地堡被我军暴雨般的炮弹炸得粉碎。突击队的战士们从草丛里发起了攻击。李士虎飞快地跑到烈士邱少云身旁，用大衣盖住他的遗体，然后抱起烈士遗留下来的冲锋枪和爆破筒，高喊着“为邱少云烈士复仇啊!”他箭一般地冲过两道敌人的铁丝网，把爆破筒塞到敌人一个地堡枪眼里，在一声巨响中，敌人和它的地堡一同消灭了。接着，满山响着“为邱少云烈士报仇”的声音，满山是爆炸敌人地堡的闪闪火光，满山是杀敌的枪声。不到十五分钟，勇士们占领了敌军阵地，取得了歼灭李伪军一个加强连的胜利。

这篇文章是新华社发了通稿后，影响巨大，流传甚广。

这大概是歌颂邱少云最早的作品了。以后不论是纪实文学《为了整体，为了胜利》，还是后来《邱少云》、《邱少云的故事》等都应是在这篇文章基础上加工改写的。

《邱少云》是著名作家芳草在1964年编著的。他在文章中这样写道：

在朝鲜上甘岭的东面，平康以南屹立着一座雄伟的山峰，山峰约有壁上，刻着一行鲜艳夺目的红漆大字：

“为整体，为胜利而自我牺牲的伟大战士邱少云同志永垂不朽!”它们，像一朵朵红色的珊瑚，携嵌在这兄弟之邦的锦绣山河中；它们，将世世代代、万古千秋地向人们叙说着一个动人心魄的故事……”

这些作品像被一条红线串连而成的珍珠链，生动地记录了在共和国成长中，学习邱少云，从英雄事迹中汲取精神营养的全过程。

精神的殿堂

英雄乘风而去，而魂魄永远在环宇间激荡。闪光的足迹时刻在映照着后来者人生的道路。

在朝鲜三千里锦绣山河上，在中朝友谊塔象征的友谊里，都应有着邱少云和所有志愿军战士鲜血汗水的浇灌。

在朝鲜青山绿水，城市农村都流动着英雄美好情感馥郁的芬芳；在邱少云牺牲的三九一高地上，现在已是苍松翠柏，鲜花满地，昔日战争的惨状已经归入了历史的陈迹。可是，那依然高高地耸立的石壁上面镌刻的红漆大字："为整体、为胜利而自我牺牲的伟大战士邱少云同志永垂不朽!"却并没有因战争硝烟的散去而减色。

朝鲜是一个多山的国家，名山数不胜数，可是到朝鲜旅游观光的人们总忘不了那个名不见经传，只知道曾叫过三九一高地的地方。就是因为在它的身上永远站立着邱少云这位英雄的形象。

在中国，邱少云纪念馆坐落在四川铜梁县城南的凤山之巅。馆内塔柏挺秀，香樟芳菲，古榕树撑开巨大的华盖点缀在绿草红花之间。陈列厅和纪念碑隔着天然水池，遥相雄峙在绿阴丛中，显得庄严雄伟，肃然壮观。

纪念馆正门的石壁上，刻着时任国家主席杨尚昆题写的馆名。正门两侧是烈火的造型建筑，使人联想到邱少云的事迹，寓有烈火金刚的象征意义。

邱少云纪念馆布局既庄严肃穆又典雅幽深。在红花绿草碧树丛中，陈列厅有四个展室，分别用图片和文物展示邱少云从苦大仇深的穷孩子成长为国际主义英雄的光辉历程。

现在已列为重庆市重点文物保护单位。

纪念碑高 10 米，分碑基、碑座、碑身和塑像四部分。

碑座是大青石砌成，呈正四边菱台形，四角各有一对称花台，种有常绿植物。地板为铜条镶嵌的彩色磨石，显得素朴典雅。

碑座有两层，底层是红色花岗石贴面的正四边菱台形，主体呈“工”字形，高约 1 米，正面嵌有冲锋枪、金星奖章和橄榄枝，象征邱少云用战斗保卫了和平，赢得了荣誉。

碑身基部刻有花环图案，正面镌有朱德总司令题写的“邱少云烈士纪念碑”八个镏金大字。背面是汉白玉贴画的烈士传略。今年在纪念碑背面重新立碑烈士传略可供参观者可以详情阅读。

塑像高 5 米，由锡青铜铸成。细细瞻仰，仿佛邱少云裹一身战火硝烟奔走，目光满含义愤，眉宇间夹着坚毅与果敢。持枪的雄姿，奔走的步履，飞扬的披风，雄赳赳，气昂昂，表达出志愿军战士急切奔赴战场的旷世雄风。

整个纪念碑建筑和附建筑以红色为主色调，气氛热烈，在绿草碧树的映衬下，鲜艳夺目，恰到好处地表达出邱少云的生命在烈火中升腾的伟大壮举。

纪念碑后是一排笔直的塔柏，再后是一片常青的香樟林带，绿草红花，翠色如流。

穿过香樟林带，有一天然水池，四周花木繁茂。春光满目。

拾级而上，便到广场。广场上方三重石级上，矗立着高 18 米，占地面积 100 平方米的陈列室大厅。4 根两人合抱的圆柱挺立大厅门前，给人以雄伟壮观的感觉。

陈列厅内有序厅、展室和字画厅。英雄事迹分别陈列在四个展室内。有文物 235 件，其中有实物、题词、组画、塑像、书籍，还有朝鲜民主主义人民共和国主席表彰烈士的证书、奖章和赠送烈士亲属的珍贵礼品。

序厅以邱少云忍受烈火烧身，严守潜伏纪律的塑像为主。塑像右壁悬挂着朝鲜民主主义人民共和国最高人民会议常务委员会的题词“在无产阶级国际主义旗帜下，以鲜血凝成的朝中人民的友谊万古长青”。左边挂着中国人民志愿军总司令彭德怀的题词“中朝两国人民共同努力，奋不顾身的抵抗了帝国主义的侵略，烈士们鲜血凝成的友谊，是永远光荣、永垂不朽的”。塑像后红丝绒幔上，粘贴着郭沫若手书“浩气长存”四个遒劲豪放的镏金大字，左右是中朝两国领导人哀悼志愿军烈士的巨幅照片。塑像旁安放着素雅的花圈，整个序厅洋溢着一种崇敬、怀念的感情。

由序厅望左进入：第一室：抗美援朝，保家卫国。本室再现了当年的时代风云，介绍了邱少云成为一级英雄的背景。

第二室是：伟大战士，普通一兵。本室用图片、文物作对比，先展示邱少云青少年时代在旧社会含辛茹苦、凄惨悲凉的不幸遭遇，再反映他参加中国人民解放军后，在革命熔炉中锻炼成长的史实。

第三室是：烈火真金，气壮山河。本室再现了邱少云遵守潜伏纪律，忍受烈火焚身，为集体为胜利壮烈牺牲捐躯的感人情景。

第四室是：永恒纪念，巨大鼓舞。本室描绘了中朝人民悼念烈士，学习英雄，走英雄道路。创英雄业绩的生动画面。字画厅里珍藏着全国各地党政军负责人、书界名流给邱少云纪念馆的题咏。

纪念馆珍藏着一个气壮山河的英雄故事，展示了一个普通的铜梁人成长为一级英雄的光辉历程，诉说着中朝人民对邱少云烈士深深的怀念与崇敬。

自1962年10月12日开馆以来，邱少云烈士纪念馆已接待朝鲜友人、港澳同胞、旅外华侨和社会各界人士200多万人次。人们缅怀烈士，瞻仰丰碑。纪念馆里春光不老，烈士精神万古流芳……

人类的历史是不会忘记为社会进步作出贡献的人物。

时代需要英雄，因为他们的精神是人类赖以栖息的精神家园。

我们会从永远鲜活的历史页面上，时时读到这些令人荡气回肠，昂扬向上的诗赋华章。这些东西不应该压在箱底或束之高阁，也不应仅仅放在资料馆里供专家学者们翻检查阅。这些都是人类历史的宝贵财富，理应让整个人类社会共享。

在英雄的家乡铜梁，翻开地方志《邱少云》的词条，即可看到家乡人民扑面而来热情洋溢的文字：

“邱少云，铜梁人民的优秀儿子，壮烈捐躯的国际主义英雄，他的精神一直活在人民心中。”

为缅怀邱少云的业绩，当时全国人大常委副委员长郭沫若同志深情写下《咏邱少云烈士》的诗篇：

援朝抗美弟兄多，烈士少云事可歌。
高地名传三九一，寇军徒念阿弥陀。
戮穿纸虎功长在，缚住苍龙志不磨。
邻国金星留纪念，英雄肝胆照山河。

（本书在写作过程中参阅了《邱少云》、《朝鲜战争》、《铜梁县志》、《抗日战争》、《解放战争》等书籍、资料，谨在此说明并向作者们表示由衷地感谢！——作者）